dtv

»Ohne meine Freundin hätte ich das nicht durchgestanden!« Dieser oft geäußerte Satz von Frauen, die sich in einer kritischen Lebenssituation befanden, hat Verena Kast veranlaßt, die Freundschaft unter Frauen aus dem Schatten der Mißachtung und des Spotts zu holen und sie als eine wichtige zwischenmenschliche »Institution« sichtbar zu machen. Mit dem kritischen Blick der Psychotherapeutin untersucht sie anhand vieler Interviews mit Frauen die Qualität dieser Beziehung und kommt zu dem Ergebnis, daß zwischen Freundinnen die höchsten Werte menschlicher Gemeinschaft gelebt und verwirklicht werden: Achtsamkeit füreinander und Zuwendung, Verfügbarkeit zu praktischer und emotionaler Hilfestellung, Verläßlichkeit in der Beziehung, Solidarität und Zärtlichkeit sowie schließlich die Freude, die man miteinander teilt und damit potenziert. In diesem Sinn, so resümiert Verena Kast, stellt die Beziehung zur besten Freundin durchaus ein Modell für menschliches Zusammenleben überhaupt dar.

Verena Kast, 1943 geboren, studierte Psychologie, Philosophie und Literatur und promovierte in Jungscher Psychologie. Sie ist Professorin für Psychologie an der Universität Zürich, Dozentin und Lehranalytikerin am dortigen C. G. Jung-Institut und Psychotherapeutin in eigener Praxis. Zahlreiche Buchveröffentlichungen, zuletzt: ›Vater-Töchter, Mutter-Söhne‹ (1994), ›Vom Sinn der Angst‹ (1996), ›Vom Sinn des Ärgers‹ (1998).

Verena Kast

Die beste Freundin

Was Frauen aneinander haben

Deutscher Taschenbuch Verlag

Von Verena Kast
sind im Deutschen Taschenbuch Verlag erschienen:
Neid und Eifersucht (35152)
Glückskinder (35154)
Weitere Titel der Autorin auf der letzten Seite

Ungekürzte Ausgabe
April 1995
7. Auflage April 2000
Deutscher Taschenbuch Verlag GmbH & Co. KG, München
www.dtv.de
ISBN 3-7831-1148-X
Umschlagkonzept: Balk & Brumshagen
Umschlagfoto: © David Madison/TONY STONE
Satz: Clausen & Bosse, Leck
Druck und Bindung: C. H. Beck'sche Buchdruckerei,
Nördlingen
Gedruckt auf säurefreiem, chlorfrei gebleichtem Papier
Printed in Germany · ISBN 3-423-35091-1

Inhalt

Vorwort

Zwischen besten Freundinnen wird eine dichte Beziehungsintensität erlebt, die große Geborgenheit auslöst, und die durchaus Modell für eine Beziehungskultur werden könnte.

Beziehungsintensität und die damit verbundenen Schwierigkeiten zeigen sich nur, wenn die Frauen, die eine beste Freundin oder beste Freundinnen haben, von dieser Form der Beziehung erzählen. Dazu haben sich hundert Frauen bereit erklärt, und zum Teil sehr ausführlich, und wie mir scheint, auch sehr ehrlich über diese Beziehungsform gesprochen. Ihnen gilt zuallererst mein sehr herzlicher Dank, ich halte es nicht für selbstverständlich, daß Frauen Zeit opfern, um einer anderen Frau die Grundlagen für eine Untersuchung zu geben. Ich halte das auch für ein Zeichen weiblicher Solidarität, und ich hoffe sehr, daß die Frauen durch die Gespräche auch für sich etwas gewonnen haben. Diese Gespräche, halbstrukturierte Interviews, wurden von Anne Henze und Christa Henzler mit viel Engagement geführt und protokolliert. Ich danke beiden sehr herzlich dafür, nicht nur für ihre gute Arbeit, sondern auch für ihre Zähigkeit, mit der sie Interviewpartnerinnen gesucht haben, für ihre Zuverlässigkeit und ihr Interesse.

Sehr dankbar bin ich meiner Tochter, die mit viel

Liebe und Ausdauer verschwundene Teile aus dem Computer wieder hervorzauberte und sich um die Endfassung meines Manuskriptes kümmerte.

St. Gallen, im September 1991   *Verena Kast*

Einleitung

Immer wieder fällt in der psychotherapeutischen Praxis auf, wie wichtig Freundinnen für Frauen sind, die sich in Krisen befinden, etwa nach schmerzlichen Verlusten, in Trennungssituationen, in schwierigen Entscheidungssituationen, bei Ausbruch von lebensbedrohlichen Krankheiten usw.: »Ohne meine Freundin hätte ich das nicht durchgestanden.« Dieser Satz stammt durchaus auch von Frauen, die in einer sie befriedigenden Partnerschaft leben. Haben Frauen, die sich in einer suizidalen Krise befinden, noch »eine beste Freundin«, oder gute Freundinnen – dann heißt das für mich, daß es ein soziales Netzwerk gibt, das auch in dieser schwierigen Situation noch zu tragen verspricht – existentiell mitträgt. Fehlt diese beste Freundin, oder fehlen die guten Freundinnen, sind die Krisen schwerer zu bewältigen, fehlen ganz wichtige Ressourcen[1].

Daß man mit der besten Freundin rechnen kann, daß aber mit ihr auch zu rechnen ist, zeigt sich spätestens dann, wenn deutlich wird, daß mit ihr auch vieles durchgesprochen wird, was in der Therapie geschieht, daß sie oft die heimliche Dritte in der Therapie ist, oft mehr als der Partner, manchmal hilfreich, manchmal hinderlich, aber vorhanden. Und gelegentlich kann ich mich des Gedankens nicht erwehren, daß hier eigentlich zwei Therapien gleichzeitig

11

laufen, eine bei der besten Freundin, eine bei mir. Im Zweifelsfalle hat die Freundin recht, sie hat die älteren Argumente und sie ist eben dann vorhanden, wenn die Therapeutin nicht vorhanden ist. Die Freundin also: eine Hilfe auf dem Weg zur Individuation – oder eher eine Bremse, eine, die hilft, die ursprünglichen Zustände aufrechtzuerhalten und sie gleichzeitig erträglich zu gestalten?

Daß mit der Freundin oder den Freundinnen zu rechnen ist, wird auch dann erlebbar, wenn es diesen nicht so gut geht, oder wenn sie selbst in Krisen geraten. Die Not der Freundin berührt die Freundin, belastet die Freundin: Das so sichere Netzwerk, in dem man sich im Freundinnenkreis befindet, ist nicht nur hilfreich, es kann auch zur Belastung werden, zur schweren Belastung. Beziehungen sind auf Gegenseitigkeit hin angelegt, Beziehungen zwischen Freundinnen sind es ganz besonders, außer bei den Beziehungen, wo eine Frau in narzißtischer Weise auf längere Zeit auf Kosten einer anderen lebt.

Bedenkt man, wie wichtig diese Beziehungen zu Freundinnen sind, so mutet es ganz besonders eigentümlich an, daß sie in den Anamnesen zunächst nur am Rande vorkommen, wenn überhaupt. Ist von Beziehungen die Rede, dann von Männerbeziehungen, ja, schon die Sprachwahl ist auffällig. Da sagt etwa eine Frau:

»Wenn ich eine Beziehung habe, dann spielt meine Freundin keine so große Rolle, oder überhaupt keine Rolle.«

Gemeint ist, daß dann, wenn eine Beziehung zu einem Mann aktuell wird, die Freundin zurücktritt. Das heißt dann aber auch, daß die Beziehung zur

Freundin, die in der Regel sehr viele Lebensbereiche betrifft, als Nicht-Beziehung deklariert wird, oder eben als die nicht wichtige Beziehung. Nicht nur der Ausdruck läßt tief blicken, auch das Faktum erstaunt: Diese wichtigen Beziehungen zu Freundinnen, die sich als so tragend in Krisensituationen erweisen, die so zentral sind in einem Frauenleben, sie sind es nur, wenn gerade keine »richtige Beziehung« ansteht. Sind sie es wirklich? Oder beugen sich Frauen da nur den gängigen Wertungen, die Beziehungen unter Freundinnen als »unwichtig«, im Bereich des immerwährenden Kaffeeklatsches ansiedeln, wie etwa Michaela Huber und Inge Rehling[2] oder Jutta Brauckmann[3] vermuten?

Die Beziehungen zwischen Freundinnen sind ein ungewöhnlich spannendes Beziehungsthema in seiner ganzen Widersprüchlichkeit, umso mehr als mir scheint, daß hier im Schatten sozusagen eine ganze Beziehungskultur gelebt wird. Diese könnte heute für uns Modellcharakter haben, da doch das Thema der Bezogenheit anstelle der narzißtischen Allmacht der Alleingänger uns als immer wichtiger erscheint, auch im Zusammenhang mit der Erkenntnis, daß vieles in unserer Welt miteinander zusammenhängt, was wir bis jetzt vereinzelt versuchten zu lösen.

Um dieses Beziehungsthema näher zu ergründen, habe ich zwei diplomierte Sozialpädagoginnen gebeten, mit 100 Frauen halbstrukturierte Interviews durchzuführen zum Thema: Die beste Freundin / die besten Freundinnen. Diese Interviews wurden in Norddeutschland gemacht.

Frauen wurden gebeten, sich zu einem Interview zum Thema »die beste Freundin / die besten Freundinnen« zur Verfügung zu stellen. Unsere Interviews geben also keine Vergleichszahlen darüber, w

Frauen eine beste oder mehrere beste Freundinnen haben. Es wurden gezielt Frauen befragt, die eine beste Freundin oder beste Freundinnen haben, oder, wie es sich dann bei der Auswertung in mindestens zwei Fällen gezeigt hat, die sich lebendig vorstellen können, wie eine beste Freundin zu sein hätte.

Die Frauen, zwischen 19 Jahren und 73 Jahren alt, stammen aus 28 verschiedenen Berufen, wobei die Studentinnen in der Überzahl sind.

Es wurden 42 Studentinnen befragt, davon haben 7 vor dem Studium schon einen anderen Beruf gehabt, 7 geben noch zusätzlich eine Arbeit an, mit der sie ihr Geld verdienen. Viele sind Sozialpädagoginnen (11), Lehrerinnen (8) und Hausfrauen (7).

50 der Frauen sind zwischen 19 und 30 Jahre alt, 50 zwischen 31 und 73 Jahre, wobei 41 Frauen zwischen 31 und 40 Jahre alt sind, 9 Frauen sind älter als 40 Jahre. Davon sind 28 alleinstehend ohne Liebesbeziehung, 41 alleinstehend mit Liebesbeziehung, 18 sind verheiratet ohne weitere Liebesbeziehung, 3 leben getrennt, 12 sind geschieden. Von diesen 12 geschiedenen haben 8 wieder eine neue Liebesbeziehung. 21 leben allein, 79 leben in irgendeiner Weise mit anderen Menschen zusammen. 8 Frauen haben oder hatten eine lesbische Beziehung zu einer Freundin oder könnten sich vorstellen, auch eine solche Beziehung einzugehen.

Im Schnitt hat jede Frau 2,7 Freundinnen, dabei werden zweimal die Tochter, achtmal die Schwester und viermal die Mutter als Freundin bezeichnet. Die Freundschaften dauerten durchschnittlich 7,7 Jahre, wobei die älteste Freundschaft 68 Jahre überstand.

Aus den Interviews geht hervor, daß sich Freundinnen unterschiedlich oft sehen:

37 täglich
39 mehrmals pro Woche
40 einmal pro Woche
26 mehrmals pro Monat
12 einmal pro Monat
20 drei- bis sechsmal pro Jahr
11 ein- bis zweimal pro Jahr

Sodann spielt die Verbindung über das Telefon eine große Rolle.

Gefragt wurde weiter danach, welche Lebensbereiche mit der Freundin geteilt werden und welche Bedeutung diese Freundinnen für das eigene Leben haben, ob es wichtig ist, daß diese Freundinnen Frauen sind, welches die Knackpunkte in der Beziehung sind, ob der Wunsch nach Zusammenleben besteht und ob von der Freundin geträumt wird.

Zusätzlich sind 20 Interviews mit Männern gemacht worden, auch mit der Frage, ob ihre Freundinnen beste Freundinnen haben, welche Lebensbereiche sie aus ihrer Sicht miteinander teilen, und der Zusatzfrage, ob es gelegentlich vorkommen könne, daß sie auch neidisch auf die Beziehung der Freundinnen seien.

Es wurde absichtlich auf die aktuellen Freundinnenbeziehungen im gelebten Leben fokussiert, und deren Genese in Mutter- und Schwesternbeziehungen übergangen, um so mehr auch als es sehr schwierig ist, sich über die komplexe Dynamik dieser Beziehungen in Interviews wirklich ein Bild machen zu können, da diese doch oft unbewußt ist.

Wir wollten wissen, welche Beziehungsbedürfnisse bei der oder den aktuell besten Freundinnen abgedeckt werden, wie wichtig diese für das soziale Eingebettetsein, aber auch für die Entwicklung der Identität sind.

Es ist immer die Frage, wie weit Aussagen in Interviews eher einem sozial erwünschten Ideal entsprechen und wie weit sie sich wirklich mit konkretem, gelebtem Leben decken. Diesem Problem trugen die Interviewerinnen insofern Rechnung, als sie die Frauen dazu brachten, aus dem Beziehungsalltag zu erzählen, und diese »Geschichten« sind weniger durch die Bedürfnisse nach Idealisierung gefärbt.

Ich wiederum habe im Text die Aussagen der Frauen, die vom Tonband protokolliert worden sind, wörtlich übernommen, ohne den Text zu glätten. Nur gelegentliche Wiederholungen oder Einschübe, die sich auf vorhergehende Themen bezogen, habe ich ausgelassen. Am Ende des Zitats steht jeweils in Klammern das Alter der Frauen. Die Namen der Freundinnen, die erwähnt werden, wurden verändert.

Die Formulierungsversuche geben bisweilen über das inhaltlich Ausgedrückte hinaus eine zusätzliche Information.

Die beste Freundin –
die besten Freundinnen

Was ist das nun aber, die »beste Freundin«? Und es gibt in der Tat auch »beste Freundinnen«, die »beste« ist in diesem Zusammenhang nicht ausschließend gemeint, sondern ist eine Bezeichnung für eine ganz bestimmte Qualität, die einige Freundinnen von anderen, auch guten Freundinnen unterscheidet.

Interessant ist in diesem Zusammenhang, daß viele Frauen im Laufe des Interviews für sich herausarbeiteten, welche denn ihre besten Freundinnen überhaupt sind und weshalb das so ist.

Generalisierend kann gesagt werden: Bei der besten Freundin spüren die Frauen Nähe, Wärme, fühlen sie sich geborgen und sicher, akzeptiert, auch wenn sie etwas machen, das die Freundin eigentlich nicht versteht. Sie können schwach und stark sein, sie können sich aufeinander verlassen in guten und in schlechten Tagen, wobei gerade auch die guten Tage betont werden, sie können offen sie selbst sein, ohne sich verstellen zu müssen, ohne eine Rolle zu spielen; sie haben den Raum, um immer wieder neu herauszufinden, wer sie selbst sind, wer sie selbst sein können. Und das alles ist verbunden mit Freude, Spaß und Wohlbefinden.

Als beste Freundin wird die verläßlichste bezeichnet, in der Beziehung zu ihr sind am wenigsten Vertrauensbrüche vorgekommen.

Das ist die generalisierende Beschreibung der besten Freundin oder der besten Freundinnen, die etwas idealisierend klingt. Wenn wir idealisieren, wehren wir entwertende Gedanken ab. Wer aber entwertet die Beziehung zu den Freundinnen? Ist es die eigene Ambivalenz oder ist es der kollektive Konsensus? Oder soll die beste Freundin abgehoben werden gegen die »anderen« Frauen, die man aber nicht zu Freundinnen macht?

In den einzelnen Interviews sind dann allerdings auch andere Töne zu hören. Da wird dann etwa deutlich, daß die Freundin einen auch durchaus nervt, daß sie einem manchmal gar nicht guttut usw. Allerdings sind etwa 20% der Interviews idealisierend, klingen manchmal wie Beschwörungen, daß die Beziehung zur Freundin doch auch so ideal sein möge, wie jetzt gerade besprochen. Soll da ein Beziehungsideal gerettet werden, das, wenn schon nicht mit den Männern, wenigstens mit den Frauen dann lebbar ist, wenn keine Sexualität störend dazwischenfunkt? Oder sind die Frauenbeziehungen für die Frauen einfach so wichtig als Quelle emotionaler Untertützung, so zentral bedeutsam für den eigenen Individuationsprozeß, daß sie idealisiert werden müssen, gerade auch gegen die gängige (frauenfeindliche) Wertung?

Bei der individuellen Besinnung auf die beste Freundin oder die besten Freundinnen spielen dann persönliche Motive eine Rolle: So wird von einer Frau die Freundin, die sie am längsten und die sie auch am besten kennt – und umgekehrt –, als die beste Freundin bezeichnet, auch wenn eine andere im Moment ihr gefühlsmäßig näher steht. Die beste Freundin ist hier die, die die eigene Geschichte präsent hat, die eine Zeugin ist für die eigene Geschichte, die einen Aspekt der Identität mit großer Gewißheit einem einfach wieder nahe bringen kann. Die eigene Geschichte kann in einer solchen Beziehung natürlich wesentlich besser erinnert werden, die Erinnerung kann auch immer wieder aufgefrischt und geprüft werden. Andererseits wird auch eine ganz bestimmte Form der Erinnerung festgeschrieben.

Eine andere bezeichnet die Frau als ihre beste

Freundin, die sie früher einmal durch eine Krise begleitet hat, und zu der die Beziehung in der aktuellen Situation aus beruflichen Gründen sich eher ausgedünnt hat. Die beste Freundin in diesem Fall ist die Frau, die einmal in einer Schlüsselsituation des Lebens die beste Begleitung angeboten hat.

Wiederum eine andere meint, die Freundin, die sie im Moment so sehr konfrontiere und herausfordere, sei eigentlich die beste Freundin.

Die beste Freundin scheint die zu sein, die einem im Moment besonders guttut und die Lebensbedürfnisse oder die Entwicklungsbedürfnisse, die man hat, am besten abdeckt, oder die am ehesten bestimmte Fähigkeiten und Seiten in einem zu wecken oder zu stimulieren vermag.

Das ist ein erster Hinweis darauf, daß die Beziehung zur Freundin durchaus etwas mit dem Individuationsprozeß zu tun hat, mit diesem Prozeß, dessen Ziel es ist, eine eigene Identität zu haben, die immer weiter in Entwicklung steht und zu der es auch gehört, daß der Mensch sich von Autoritäten ablöst und zu einem umfassenden inneren Selbst in Beziehung steht[4].

Dafür spricht auch, daß fast alle Frauen verschiedene Freundinnen haben, durchaus mehrere beste, die jeweils verschiedene Lebens- und Persönlichkeitsbereiche abdecken. Die eine als Herausforderung, die auch politisch konfrontiert, die andere, um es gemütlich zu haben, Spaß zu haben, gut zu essen…

Es scheint eine Form der weiblichen Lebenskunst zu sein, die Freundinnen zu finden, die gerade jene Seiten abdecken, die man im Moment abgedeckt haben muß. Allerdings, so ideal, wie das zunächst klingt, ist es auch wieder nicht, denn in der Regel fehlt die Zeit, um alle diese Beziehungen voll ausschöpfen zu können. Die Beziehungen zu den Freundinnen sind zeitintensiv, sie setzen geradezu einen Zeitwohlstand voraus, wenn auch die beste Freundin oder die besten Freundinnen gerade dadurch sich auszeichnen, daß man »wieder dort beginnen kann, wo man das letzte Mal aufgehört hat, also keine Anwärmphase braucht«. Dennoch: Zentral in diesen Beziehungen sind die Gespräche, in denen es um »Gott und die Welt« geht, vor allem aber um sich selber, um Beziehungen, um Beziehungen zu den Partnern (42 Antworten), aber auch um die Beziehung zwischen den Freundinnen (26 Hinweise), um Beziehungsprobleme ganz allgemein, aber auch um Zukunftsperspektiven (z. B. Kinderwunsch), Gespräche über Therapie, gefolgt von Gesprächen über Politik, kulturelle Ereignisse, Literatur, Spiritualität. Und diese Gespräche brauchen Zeit. Immer steht im Mittelpunkt, daß die Frauen ihre eigenen Empfindungen und Wahrnehmungen formulieren, und daß ihnen jemand interessiert zuhört. Was also hier geschieht, ist gerade nicht ein Getratsche, wie es so oft entwertend bezeichnet wird, sondern es sind wirkliche Gespräche, in denen zwei Menschen miteinander über eine Sache reden, zwei Menschen einander zuhören – und sich beide zumindest über sich selbst klar werden können dabei, wenn nicht aus dem Gespräch sogar wesentlich neue Impulse kommen.

Der Ort des Vertrauens

74 % der Frauen antworten auf die Frage nach der Bedeutung der Freundin unter anderem mit dem Ausdruck, daß zwischen ihnen eine große Vertrautheit
herrsche, daß sie Vertrauen hätten zueinander. In anderen Antworten, in denen dieser Ausdruck nicht explizit fällt, kommt etwas Vergleichbares zum Ausdruck: Vertraut ist einem die beste Freundin – nicht
fremd –, und man kann Vertrauen zu ihr haben. Allerdings ist es dann auch entsprechend kränkend, wenn
das Vertrauen mißbraucht wird, dann könnte es sein,
daß die beste Freundin nicht mehr die beste Freundin
ist. Und wie bei allen Enttäuschungen in den Beziehungen folgt einer solchen Enttäuschung ein Rückzug, eine Phase des Mißtrauens.

*»...Aber nachdem das kaputtgegangen ist, habe ich
gedacht, ich habe vielleicht auch zu viel erwartet,
und erst einmal will ich gar keine Freundin mehr haben, jedenfalls keine beste mehr, da kann es mir ja
auch nicht mehr so weh tun. Inzwischen weiß ich,
daß ich es einfach auch beweinen muß, betrau-
ern...« (27J.)*

Gerade diese Reaktion zeigt, wie nah die Beziehung
gewesen ist, wie sehr auch auf dieses Vertrauenkön-
nen gebaut worden ist, wie wenig die Enttäuschung
ins Auge gefaßt wurde. Es mutet geradezu erstaun-
lich an, daß in einer Welt, in der so viel Mißtrauen
herrscht, in der Beziehung zur Freundin so etwas wie
eine Oase des Vertrauens zumindest gesucht wird
und – wenn wir den Interviews glauben – zu einem
großen Teil auch erlebt wird. Es stellt sich auch hier

die Frage, ob allenfalls idealisiert wird, denn immerhin wissen wir, daß die Beziehungen zur besten Freundin in der Regel immer dann, wenn eine Männerbeziehung ansteht, in Gefahr ist, in den Hintergrund zu treten. Das ist allerdings den von uns befragten Frauen zu einem größeren Teil auch schon bewußt, sie ärgern sich darüber, daß dem so ist, sie versuchen, bewußt die beiden Beziehungen nebeneinander zu leben, und die damit verbundenen Schwierigkeiten auszuhalten und zu klären.

Auch wenn ein ganz anderer Lebensentwurf Wirklichkeit wird, haben diese Freundschaften die Tendenz, sich abzukühlen, wenn die eine etwa Kinder bekommt, die andere aber keine will.

Diese Erfahrungen hindern aber nicht daran, grundsätzlich davon auszugehen, daß die Beziehung zwischen den Freundinnen eine Vertrauensbeziehung ist:

– Sie können sich aufeinander verlassen und darauf vertrauen, daß sie sich aufeinander verlassen können. Nicht nur dann, wenn es der Freundin gerade paßt, sondern dann, wenn es notwendig ist.

Zu diesem Sich-aufeinander-Verlassen gehört auch, daß durch die Gespräche mit der Freundin es immer auch möglich ist, sich in einer Situation wieder besser zu verstehen und sich auch neu zu orientieren, daß andererseits auch durch ganz praktische Hilfestellung gewisse Lebenssituationen erträglich werden oder Veränderungen zu bewältigen sind. Dabei scheint es nicht nur um die Hilfestellung selbst zu gehen, sondern vor allem um das unabweisbare Gefühl, daß hier eine Frau ist, die helfen würde, die alles täte, was in ihrer Macht steht, um zu helfen.

– Sie können offen sein zueinander (etwa 70 %), ehrlich sagen, was sie meinen, ohne daß sie befürchten müssen, »daß einem was reingewürgt wird«, aber auch ohne daß eine der anderen sagt, daß das, was sie sagt, nicht stimmt usw.

– Sie können so sein, wie sie sind, »ohne eine Maske« und ohne Angst, deshalb nicht akzeptiert zu werden.

– Sie werden gehört, gesehen – und auch verstanden. Dazu gehört auch die Aussage, daß »wir miteinander ganz schwach sein können oder auch ganz stark«, daß die Freundin eine Freundin eben für schlechte und für gute Zeiten ist. Das bedeutet, daß man der Freundin eine verhältnismäßig große Neidtoleranz zuschreibt, oder zumindest hofft, daß sie mit ihrem Neid umgehen kann, daß die Liebe zur Freundin, das damit verbundene Gefühl eines »Wir«, größer ist als das konkurrierende »Ich gegen dich«. Neid, Gefühle von Konkurrenz spielen aber durchaus eine Rolle. 27 % der Befragten bekennen sich ausdrücklich dazu, gehen dann allerdings sehr verschieden damit um. Vier Frauen sind der Ansicht, sie hätten gerade diese Frau zur besten Freundin erkoren, weil zwischen ihnen keine Konkurrenz sich störend bemerkbar macht.

Es geht also nicht einfach darum, daß Frauen eine Verbindung in der Schwäche pflegen würden, sich in ihrer Schwäche gegenseitig trösten, sondern es ist für sie wichtig, in ihrer Stärke gesehen und auch akzeptiert zu werden.

– Sie erleben emotionale Nähe:

»Das ist einfach ein Gefühl, das kann ich nur von einer Freundin kriegen… Das ist so eine Art von Intimität, die eben ganz anders ist als zu einem Mann oder den Geschwistern. Es hat auf jeden Fall was mit Intimität zu tun. Mit diesem Sich-ganz-nah-Sein,

ganz Offen-Sein... und das ist vielleicht auch deshalb für mich wichtig, weil ich das früher alles auf den Partner projiziert habe... Ich bin aber nie auf die Idee gekommen, daß das vielleicht ein Mann gar nicht geben kann, was ich da haben will...« (36 J.)

»Von der Intensität her sehe ich das so, daß ich nicht nur über alles reden kann, also daß es nur so auf einer geistigen Ebene nah ist, sondern daß ich mich da so gefühlsmäßig fallen lassen kann. Also durchaus auch mit Körperkontakt, oder, ja, daß ich einfach das Gefühl hab, da kann ich alles so unterbringen, was in mir so an Gefühlen ist, auch an Problemen, die ich mit ihr habe, dann, daß das auch besprochen wird, daß das nicht unter den Teppich gekehrt wird.« (33 J.)

»Also diese gemeinsame Bestärkung der Frauen untereinander, auch die Aufmerksamkeit füreinander, auch gegenseitig fürsorglich sein füreinander, ist ganz wichtig. Es ist auch ein Schutz, aber so in einem starken Sinne. ...Es ist auch so dieses Gefühl von wirklicher Zuverlässigkeit, auch abhängig sein davon, aber auch immer wieder dieses Sich-abgrenzen-Können. Ich muß das auch immer wieder in einer guten Balance zu mir selber halten...« (59 J.)

Sich geistig und gefühlsmäßig nahe sein, eine Form von Intimität leben, sich zeigen – offen –, nicht nur seelisch-geistig, sondern auch in den körperlichen Bedürfnissen, aber auch in den Widersprüchen, fürsorglich sein gegenseitig, sich schützen – und doch auch sich abgrenzen – diese Nähe, die sehr viel an Verläßlichkeit, an Schutz, an Zärtlichkeit, an Achtsamkeit beinhaltet, auch die Kunst, abhängig zu werden und abhängig zu sein, könnte leicht zu einer Identifikation mit der Freundin werden, einer Identifikation, die gerade wiederum den Anspruch an das Sie-selbst-sein-Dürfen in der Beziehung zur Freundin scheitern ließe, wäre da nicht auch und ergänzend dieses Bedürfnis des Sich-Abgrenzens.

Konsequenz dieser verschiedenen Aspekte des Vertrauens ist, daß sich die Freundinnen geborgen fühlen (87% erwähnen dies explizit): Vertrauen, Vertrautheit, Geborgenheit und das immer wieder erwähnte Verständnis füreinander bewirken, daß diese Beziehung zu der Freundin eine verhältnismäßig angstfreie ist, die im alltäglichen Leben eine Reduktion von Angst ermöglicht, es den einzelnen Frauen aber auch gestattet, in diesen Beziehungen sehr viel mehr sie selbst zu sein als in anderen Beziehungen; unter den anderen Beziehungen werden vor allem die Beziehungen zu den Männern genannt, Partnern und Freunden.

Vertrautsein

Vertrautsein im Sinne des Sich-nicht-fremd-Seins wird in den meisten Äußerungen als Folge davon gesehen, daß die Freundin auch eine Frau ist, die die gleiche Sozialisation hinter sich hat, »gleich« empfindet usw. Dennoch wird die Freundin nicht einfach als die »Gleiche« gesehen, die nicht unterschieden ist. Sie ist zugleich die, die als Frau auch einen ganz anderen Lebensweg einschlagen kann, die einen dadurch herausfordert, in Frage stellt.

»...und was sicherlich auch wichtig ist, ist, daß wir es beide geschafft haben, auch Toleranz gegeneinander (!) zu haben, wenn die Lebensläufe voneinander abwichen. Als sie heiratete, konnte ich mit diesem Mann nicht einverstanden sein, (...) aber konnte es dann trotzdem akzeptieren.« (32 J.)

Im Ausdruck »Toleranz gegeneinander« zeigt sich, daß in dieser Lebenssituation einiges gegeneinander lief, das Miteinander nur mühsam aufrechterhalten werden konnte.

Aber auch ohne daß sie einen anderen Lebensweg einschlägt, kann die Freundin als die »andere« gesehen werden. Ein Beleg steht hier stellvertretend für viele:

»Wir sind unglaublich verschieden, und ich denke mal, daß wir uns auch ergänzen, uns da auch anziehen, was aber manchmal auch schwierig ist. Ich mag sie unheimlich gern.« (32 J.)

Diese Frau bringt zum Ausdruck, daß im Austausch mit der Freundin auch »fremde« Seiten, unvertraute Seiten ins Spiel kommen, die sowohl die Anziehung als auch Schwierigkeiten in der Beziehung bewirken. In der Beziehung zur besten Freundin kann man sich also auch Seiten in sich selbst nähern, die noch verborgen sind, die ergänzen, was uns bewußt ist, die aber meistens auch Schwierigkeiten mit sich bringen, sonst hätte man sie wohl schon entwickelt. Eine Begegnung mit dem Fremden ist in der Freundschaft mit einer Frau wohl deshalb gerade möglich, weil sie eben nicht nur fremd, sondern auch vertraut ist. Im geschützten Rahmen sozusagen werden Dimensionen der Identität durch die Freundin an einen herangetragen, die, würde man sie nicht in diesem geschützten Rahmen erleben, zu sehr ängstigen würden. Auch hier wird wieder deutlich, daß die Beziehung zur Freundin sehr viel mit den anstehenden Individuationsaufgaben zu tun hat:

Das Fremde in uns ist das, was wir eingemeinden müssen, was wir uns vertraut machen müssen; im Fremden zeigt sich uns, was von unserem Unbewußten an uns herangetragen wird. Die Frauenfreundschaft scheint die Möglichkeit zu bieten, im Rahmen großer Vertrautheit sich an das Unvertraute heranzuwagen. Nach unseren Interviews zu schließen, ist zu unterscheiden zwischen Freundinnen, die einander eher in ihrer Existenz versichern: »*Manchmal denke ich, das ist so ein Boden, der einfach da ist, von Gleichgesinntheit oder so*«, (26 J.), und Freundinnen, die einander herausfordern durch ihre Lebensplanung, die »fremd« sind und auch fremde Seiten beleben. Bei letzteren kann man sich fragen, ob es sich bei ihnen um Verkörperungen der Animagestalt handelt, die Animagestalt verstanden als das Bild der faszinierenden, geheimnisvollen Fremden, die viele Phantasien weckt und eine Verbindung zur tieferen Identität und zur spirituellen Seite der Frau herstellt. Wird dieses Bild projiziert, entsteht Faszination [5].

Wichtig scheint also gerade zu sein, daß die Freundin zwar auch eine Frau ist, eine gleiche zwar, und dennoch eine ganz andere Frau.

In der Beziehung zur besten Freundin zeigt die Frau die Zuneigung zu einer anderen Frau, wendet sich ihr zu, und indem sie das tut, beschäftigt sie sich auch mit dem eigenen Frausein.

Das Vertrautsein stammt zu einem Teil wohl auch daher, daß sich die Frauen offenbar für dasselbe interessieren: Beziehungen, Gefühle, Austausch über alles, was sie als Menschen betrifft, was sie emotional anspricht.

Wie immer man dieses Vertrautsein interpretieren will, etwas böswillig als Fortdauer der frühen Mutter–Tochterbeziehung, wobei der Beweis bis jetzt noch nicht erbracht worden ist, daß diese Beziehungen so durchgängig Beziehungen des Vertrauens waren[6], verbunden mit dem Hinweis, daß diese Vertrauensbasis idealisiert wird, um die Wut, die auch noch aus der Beziehung zur Mutter stammt, nicht in Aktion treten zu lassen – es bleibt ein Faktum, daß es diese Basis des Vertrauens gibt, daß sie erlebt wird, daß sie auch im konkreten Lebensvollzug trägt, was gegen eine naive Idealisierung spricht.

Es ist die Basis für die Solidarität der Frauen untereinander, es ist aber auch die Basis für Solidarität mit sich selbst als weiblichem Wesen und insofern auch eine Basis, um zu mehr eigener Identität zu finden. Diese Basis des Vertrauens gründet bestimmt in frühkindlichen und auch späteren guten, vertrauensvollen Erfahrungen mit Frauen, also auch mit der Mutter, aber auch mit Schwestern, mit der Großmutter, mit Frauen ganz allgemein, es ist aber nicht als eine Fixierung auf diese frühen Stadien anzusehen, sondern als Bereitschaft und Fähigkeit zu einer Form der Beziehung, die Frauen eigen ist.

Die Freundin
als Eckpfeiler…

...um gut durch den Alltag zu kommen

»Sich so gegenseitig zu helfen, auch mit Alltagssi-
tuationen umgehen zu können; sich gegenseitig
auch Unterstützung zu geben. Das ist das, was ich
immer ganz stark spüre. Wenn ich mal wieder ganz
viel erzählt habe, wie es mir hier und damit geht,
auch wenn es mir vorher schlecht ging, merke ich,
daß allein der Kontakt mit ihr... mich aufbaut.
Dann fühle ich mich,... ich weiß nicht, dann spüre
ich meinen Rücken wieder,... dann gehe ich irgendwie viel gerader wieder nach Hause... Da habe ich
so Kraft gekriegt, so eine Unterstützung in dem, wie
ich eigentlich bin. Das ist für mich so eine ganz
wichtige Unterstützung. Und das ist auch was ganz
anderes, als das, was ich von meinem Freund an Unterstützung kriegen kann. Das ist auch sowas wie
eine speziell weibliche Unterstützung. Das merke
ich dann oft im Nachhinein, daß mir das genau ge-
fehlt hat; das Fühlen von mir selbst als Frau.« (36 J.).

Hilfestellung zur Bewältigung des Alltags spielt in allen Beziehungen zwischen Freundinnen eine große
Rolle. Dabei kann es eher um praktische Dinge
gehen: etwa gegenseitiges Sich-Kümmern um die
Kinder, das Erstellen einer größeren Arbeit für die
Uni, das gemeinsame Arbeiten an einem politischen
Projekt, das Sich-Einsetzen für bessere Schulverhält-
nisse für die Kinder usw., oder aber um Gespräche,
die es den Frauen möglich machen, sich wieder besser selbst zu helfen, Gespräche als Hilfe zur Selbst-
hilfe, wie es in dem eingangs zitierten Ausspruch
spürbar wird.

Es sind also Beziehungen, in denen konkret Solidarität gelebt wird und auf die auch vertraut wird und vertraut werden kann. Die Frauen sprechen dann auch mit einer großen Selbstverständlichkeit darüber, daß sie sich in verschiedenen Lebensbereichen gegenseitig helfen und daß ihnen das eine große Hilfe ist im Bewältigen des Alltags. Dabei scheint es einigen wichtig zu sein, daß es wirklich auch auf Gegenseitigkeit geschieht, daß nicht die eine Frau plötzlich sehr viel mehr bringen muß als die andere. Das Thema des Ausgenütztwerdens liegt also in der Luft, auch wenn es nicht konkret in den Interviews angesprochen wurde.

Deborah Belle[7] zitiert verschiedene Untersuchungen, die zeigen, daß Frauen neben dem größeren Engagement in nahen, vertrauensvollen Beziehungen auch mehr instrumentelle Hilfe suchen und finden zur Bewältigung ihrer Lebensaufgaben. Das bedeutet aber auch, daß Frauen, und das scheint nach den amerikanischen Untersuchungen durch das ganze Leben hindurch anzuhalten, mehr Unterstützung, sowohl emotionale als auch instrumentelle, suchen und sie auch erhalten, andererseits auch relativ viel Befriedigung daraus ziehen, sich gegenseitig diese Nähe und auch diese Unterstützung zu geben. Das heißt aber auch, daß Frauen eher gewillt sind, einander zu helfen und sich auch helfen zu lassen. Hilfe zu geben und auch zu erhalten scheint bei den Frauen eine Form der Beziehung und des Aufnehmens von Beziehung zu sein, es hat weniger damit zu tun, daß sie sich in ihrer Kompetenz beeinträchtigt fühlen, wenn sie Hilfe brauchen. Deshalb sind auch die emotionale Unterstützung, die sie einander geben, und die instrumentelle nicht voneinander zu trennen. Im besten Fall ist dies die Grundlage für eine Kultur der Hilfsbereitschaft und der Vernetzung von Leben und

Fürsorge in einem sehr konkreten Sinn, im schlechtesten Fall können Frauen ausgenützt werden.

Belle[8] weist nach, daß der Grad der erhaltenen täglichen Hilfestellung, verbunden mit der Möglichkeit, die eigenen Gefühle wirklich auszudrücken, mit einem Gefühl von erhöhter Selbstschätzung und dem Gefühl der Kompetenz verbunden ist, der Kompetenz, ihr Leben zu bewältigen. Je ausgeprägter dieses Gefühl war, um so mehr hatten die Frauen das Gefühl, das Leben sinnvoll bewältigen zu können, um so mehr achteten sie sich selbst, und um so weniger zeigten sie Symptome von Depression und Angst.

Eine Vertrauensbasis im Leben zu finden, durchaus durch Vertrauen in die Hilfsbereitschaft anderer Menschen und in die eigene Hilfsbereitschaft, hat bei Frauen nicht eine Minderung, sondern eine Mehrung des Selbstwertgefühls zur Folge. Außerdem ist eine deutliche Beziehung zwischen emotionaler und instrumenteller Hilfe, einer nahen seelischen Beziehung und einer hilfreichen Unterstützung im Alltag mit dem Selbstwert der Frau zu sehen, wie dies auch in der eingangs des Kapitels zitierten Aussage so schön zum Ausdruck kommt: »... *dann spüre ich meinen Rücken wieder,... dann gehe ich irgendwie viel gerader wieder nach Hause.*« Hier ist in der Körperbefindlichkeit ausgedrückt, daß die Frau durch das Gespräch und die Hilfe das Lebensgefühl zurückgewinnt, wieder eine aufrechte, würdevolle Frau zu sein, die das Leben auch tragen kann.

Hinweise auf depressive Symptome oder die Verminderung von depressiven Symptomen haben wir in unseren Interviews nicht erfragt, und sie sind auch nicht implizit so leicht zu eruieren. Was allerdings immer wieder genannt wird, das ist die Funktion der Entängstigung: Dadurch, daß es beste Freundinnen gibt, ist weniger Angst im Leben. Der Hinweis darauf, daß Frauen, die mehr Vertrauensbeziehungen zu anderen Frauen haben, weniger depressiv sind, wird uns noch beschäftigen: Generalisierend ist zu sagen, daß Frauen, die ihr originäres, individuelles Selbst haben und damit auch einen gesunden Selbstwert, weniger depressive Symptome zeigen, besonders dann, wenn sie mit Verlustsituationen konfrontiert werden. Die nahe emotionale Beziehung zur Freundin könnte also – gerade entgegen den Befürchtungen, die immer wieder auftauchen – nicht zu einem Verlust des originären Selbst, sondern geradezu zur Sensibilisierung für das Selbst-Sein beitragen.

Belle ist es aber vor allem wichtig, auch auf die Kosten solcher mehr vernetzter Situationen, in denen sich Frauen gefühlsmäßige und tatkräftige Unterstützung geben, hinzuweisen. Besonders werden Frauen durch ihre Freundinnen in ihrer emotionalen Befindlichkeit angesteckt, der Kummer der einen ist durchaus auch der Kummer der anderen, die Not – auch die soziale Not – der einen ist auch die soziale Not der anderen[9].

Selbstverständlich sind die Schattenseiten von nahen Beziehungen die Angst vor Zurückweisung, Abhängigkeit, Verrat, aber auch gemeinsamer Kummer. Dieses weibliche Netzwerk kann durchaus die eine oder andere Frau mehr belasten, als wenn sie kein Netzwerk hätte, besonders dann, wenn sich die Frauen nicht genug voneinander abgrenzen können und wenn Konflikte zu wenig ausgetragen werden können.

Was aber so oder so bleibt, ist, daß Frauen in Streßsituationen weniger allein sind, sie sind vielleicht überhaupt weniger allein als Männer.

Die Freundin
als Mutter

Bei den 50 Frauen unter 30 Jahren fällt auf, daß die Freundin nicht selten offen – oder etwas mehr verdeckt – unter anderem auch noch die Rolle der guten Mutter übernehmen muß (18 explizite dahingehende Äußerungen = ca. 36 %), bei den Frauen über 30 wurde dieses Bedürfnis nur in einem Fall ausgedrückt.

Das wird zum Teil offen angesprochen:

»Ja, ich geh da ganz gerne hin und so, ich fühle mich bei ihr einfach wohl. Man hat da das Gefühl, man ist da willkommen, die Söhne kommen auch noch zum Essen, und man ißt dann zusammen… Und für mich ist das auch so was Mütterliches, auch weil sie zum einen älter ist und… ja, das Wichtigste ist doch für mich, daß ich immer willkommen bin… Mir tut sie einfach nur gut.« (26 J.)

Und eine Frau sagt rückblickend:

»Da habe ich auch gedacht, daß ich mir jahrelang einen Mutterersatz in meiner Freundin gesucht habe. Ich habe auch zu meiner Mutter ein sehr ambivalentes, enges Verhältnis gehabt, sowas wie Haß-Liebe… Und hab da ab 15 Jahren eigentlich immer versucht, rauszukommen. Die (Freundinnen) haben mir eigentlich meine Mutter ersetzt und waren auch immer ähnlich wichtig für mich. Es waren sehr klebrige, sehr abhängige Verhältnisse… Unsere Beziehung (die Beziehung zur gegenwärtigen Freundin) ist jetzt schon gleichwertiger.« (29 J.)

Die Freundin als Mutterersatz erfüllt einen Nachholbedarf an fragloser Daseinsberechtigung, zusammen mit Nahrung auch für den Körper. Ob die Freundin auch etwas von der Freundschaft hat, ist im Interview nicht bedacht, steht wohl im Moment nicht im Vordergrund. Im Vordergrund steht, daß ihre Bedürfnisse befriedigt werden.

Im zweiten Ausschnitt aus einem Interview wird deutlich, wie die Freundin gebraucht wird, um sich aus einer engen Mutterbindung zu lösen, und wie dann in diesem Fall natürlich auch die Qualität der Bindung zur Mutter auf die Freundin übertragen wird. So wie sie die Mutter geliebt hat mit einer Haßliebe, die unter anderem darauf hinweist, daß eine zu enge Bindung zu lange nicht gelöst wurde, liebt sie die Freundinnen. Diese Haßliebe, in der große Angst vor Trennung verborgen ist, bewirkt, daß die Beziehungen so »klebrig« wurden, sie so abhängig dabei – von der immer mit Haßliebe verbundenen Wut spricht die Frau allerdings nicht. Dennoch ist es ihr gelungen, offenbar durch einige dieser »klebrigen, abhängigen« Beziehungen hindurch, eine gleichwertigere Beziehung zu einer Frau zu finden, allerdings meint die Interviewte, das sei ihr auch deshalb gelungen, weil diese neue Freundin »mehr über sich wisse«. Das bedeutet wohl, daß sie nicht so einfach bereit ist, diese Projektion der Mutter-Rolle einfach zu übernehmen und sich entsprechend zu verhalten, sondern daß Auseinandersetzungen über verschiedene Bedürfnisse stattfinden.

Eine Frau, die auch direkt die Mutterfunktion ihrer Freundin anspricht, spricht von einer Krise mit ihr:

»Also einmal hatte sie auch eine Mutterfunktion, ja ganz stark, also auch sehr schützend, und andererseits auch wirklich so etwas Freundschaftliches, einfach eben eine Freundin, so wie ich es mir halt vorstelle, und irgendwie auch etwas von einer Liebesbeziehung, also keine sexuelle, aber irgendwie war es das doch...« (27 J.)

Die Krise besteht darin, daß in diese enge Freundschaftsbeziehung ein Mann getreten ist, was offenbar zu großen Auseinandersetzungen zwischen den beiden Frauen geführt hat, schmerzhaften Auseinandersetzungen. Die Interviewte vermutet selber, daß es eigentlich gar nicht so sehr um den Mann gegangen sei, denn *»es war nicht einmal die große Liebe«*, sondern: *»Nun, ich vermute halt nur, aber ich denke irgendwie auch, daß unsere Symbiose gelöst werden mußte, daß er (der Mann) uns dazu verholfen hat.«* (27 J.)

Diese Freundschaft, bei der die Freundin unter anderem – obwohl nur 4 Jahre älter – die Mutterfunktion im Sinne des Schutzes übernommen hat, muß sich auf jeden Fall wandeln, gerät in die Krise, die in diesem Fall von lautstarken Auseinandersetzungen begleitet ist. Die Vermutung, daß hier eine Symbiose sich lösen muß, daß Themen der Individuation anstehen, ist deutlich, und wohl auch typisch für Freundinnenbeziehungen, in denen das Element des Mütterlichen eine große Rolle spielt.

»...wir sind ja gerade dabei, uns so ein Stück innerlich voneinander zu lösen und uns als eigenständige Personen zu sehen...«

Wenn die Symbiose im Vordergrund steht, dann muß, damit eine Entwicklung stattfinden kann, auch immer einmal wieder die Anforderung an die Individuation gepflegt werden. Wenn die Übertragung der Mutter auf die Freundin noch besonders deutlich ist, was darauf hinweist, daß sich der Ich-Komplex noch zu wenig aus dem Mutterkomplex emanzipiert hat[10], dies aber durchaus im Rahmen einer Auseinandersetzungsbeziehung zur Freundin weiter geschehen kann, stehen symbiotische Wünsche im Vordergrund und können die Auseinandersetzung und die damit verbundenen Anforderungen der Individuation hemmen. Es ist dann, wie in dem angeführten Beispiel, nicht selten ein Mann, oder ein dritter Mensch ganz generell, der diese Dynamik in die Beziehung hineinbringt und so die Entwicklung wieder vorantreibt.

Hypothese:
Die Identifikation mit der Freundin ist dann besonders groß, wenn noch Bedürfnisse nach einer Mutter auf die Freundin übertragen werden.

Die Entwicklung des Ich-Komplexes aus dem Mutterkomplex hat damit zu tun, daß Frauen nicht mehr identisch sind mit ihren Müttern, dafür in eine Beziehung zu ihnen als auch eigenständigen Frauen treten können, ohne ein schlechtes Gewissen zu haben. Sie können Ich-Sätze anstelle von Mutter-Sätzen sagen, wissen, wo sie doch noch von der Mutter geprägt sind, haben aber einen eigenständigen Lebensentwurf, auch wenn er den Müttern nicht passen sollte, und – das ist sehr wesentlich – sie können eigene mütterliche Seiten in sich entwickeln, eine eigene Form von Mütterlichkeit, die natürlich geprägt ist von Erfahrungen, die mit Müttern und Großmüttern gemacht wurden, und so, wie sie zur eigenen Identität passen, in den eigenen Lebensentwurf aufgenommen werden müssen.

Die Anregung, eigene mütterliche Seiten zu entwickeln, kann auch durch die Beziehung zu einer mütterlichen Freundin erfolgen:

»Ich kann es annehmen, weil, ich bin mir schon auch sicher, daß ich in Maja auch etwas Mütterliches suche, also nicht nur meine Mutter, sondern auch andere Mutterfiguren, da vermischt sich ganz viel...«

»...in der Beziehung zu meiner Mutter und zu meiner Großmutter habe ich einen Teil davon (Qualität einer bestimmten Form von Mütterlichkeit) erlebt, und einen sehr positiven Teil davon erlebe ich wieder mit Maja und auch den Wunsch, dem sehr nah zu sein. Und ich kapiere aber auch durch diese Beziehung zu ihr, daß es etwas ist, das ich in mir trage, was sie sozusagen aus mir herausgeholt hat, diese Begegnung auch mit ihr. Es ist also etwas, was in mir ist und dem ich irgendwie Rechnung tragen muß durch mein Leben...« (26J.)

Gerade in dieser Aussage wird deutlich, daß es bei der Sehnsucht nach dem Mütterlichen nicht einfach darum geht, wiederum eine Mutter zu haben, die für einen sorgt, nichts will dafür, sich ausnützen läßt, sondern daß es darum geht, die Bilder der Mütterlichkeit in der eigenen Psyche wiederzubeleben, sie erfahrbar zu machen. Das kann ein Grund dafür sein, daß die Frauen über 30, die in hohem Maße die Mütterlichkeit leben, sei es mit eigenen Kindern, sei

es im Rahmen ihres Berufes oder sich selbst gegenüber, diesen Aspekt in der Freundschaft nicht mehr
so sehr in den Vordergrund stellen.

Die einzige Frau über 30, die von einer mütterlichen Freundin spricht, sagt von ihrer Freundin:

»...also, daß ich bei ihr so schwesterliche und mütterliche Aspekte am ehesten gleichzeitig habe...
Also wir haben so ganz ähnliche Ausgangspositio-
nen, aber wir bewältigen sie unterschiedlich. Also
ich eher intellektuell und auch distanzierter, mehr
beobachtend, und sie mehr mit mütterlichem Zu-
packen... und weil sie gerade so mütterlich ist, hat
das natürlich auch mit Mutter zu tun, dieses Ge-
nährtwerden, also ich bin sozusagen auch dieses immer hart arbeitende Kind und auch das Kind, das
sich leicht überfordert hat und das durch diese
Freundin auch loslassen kann, also auch einfach ge-
nährt wird, also so ›Komm, jetzt machen wir uns
mal ein schönes Stündchen, oder jetzt laß ich dir
mal einen schönen Blumenstrauß da, oder komm
doch rüber zum Spargelessen...‹. Ich merke auch,
wie bewegt ich da bin, wenn ich das so erzähle, daß
mir das sehr wichtig ist.« (47 J.)

Hier bringt die mütterliche Freundin die dringend be-
nötigte Mütterlichkeit in das Leben dieser sich leicht
überfordernden Frau – und möglicherweise kann sie
an dieser Freundin lernen, selber mütterlicher mit
sich umzugehen – genießen jedenfalls kann sie es
schon.

Von Symbiose mit dieser Freundin ist im Interview
nichts zu spüren, im Gegenteil, sie betont, daß sie,
obwohl sie sich eigentlich für harmonisierend hält,
viel Kritik an dieser Freundin übt, auch durchaus

Grenzen zieht, ihr vielleicht sogar zu wenig mitteilt, wie wichtig sie für ihr Leben ist.

Auch wenn die Freundin mütterliche Aspekte weckt oder abdeckt, heißt es nicht, daß notwendigerweise eine symbiotische Beziehungsform entsteht, es heißt auch nicht, daß die Erfahrungen mit der eigenen Mutter einfach übertragen werden, es kann gerade im Gegenteil so sein, daß die Freundin mütterliche Aspekte abdeckt, die die eigene Mutter nicht abdeckte oder nicht abzudecken wagte.

Ob die Beziehung eine »nur symbiotische« wird, hängt davon ab, wie sehr sich der Ich-Komplex der betreffenden Frau aus dem Mutterkomplex entwikkelt hat, wie sehr sie sich eine Identität, die immer weniger vom Mutterkomplex geprägt ist, schon erworben hat.

Diese Entwicklung des Ich-Komplexes aus dem Mutterkomplex, die notwendig ist, damit das Mädchen oder die junge Frau nicht ein unentwickeltes Selbst hat – auch eine Form der nicht eigenen Identität –, läuft auch entwicklungsgeschichtlich über die Beziehung zur Freundin oder anderen Frauen, wenn nicht direkt eine Hinwendung zum Mann oder die Identifikation mit männlichen Seiten zu einer »abgeleiteten Identität« führt, auf die ich noch zu sprechen komme.

Dort, wo die Auseinandersetzung mit der Mutter stattfindet in der Adoleszenz, beginnt sie mit einer Abgrenzung. Es geht zunächst um die konkrete Mutter und die Rolle, die sie im Leben gewählt hat: Die Mutter verkörpert ein Modell, *gegen* das die Identität zunächst eher unbewußt konzipiert wird. In diesem Identitätsentwurf gegen die Mutter spielt der Schatten der Mutter, ihre nicht akzeptierten und nicht gelebten Seiten, eine Rolle. So pflegen zum Beispiel

Töchter, deren Mütter ein eher asketisches Lebensideal haben, zu Beginn ihrer Adoleszenz einen etwas ausschweifenden Lebensstil. Mädchen in dieser Phase sagen sich, daß sie alles anders machen werden als die Mutter. Dieser Ausspruch weist nicht notwendigerweise auf eine schlechte Beziehung zur Mutter hin, er ist primär Ausdruck der Identitätssuche – zunächst einmal in der Abgrenzung gegen die Mutter. Zwar hat das Mädchen dann keine wirklich eigene Position, aber sie ist erstmal »dagegen«: Das vermittelt die illusionäre Überzeugung, eine eigene Position zu haben, die allerdings weiterhilft, wenn die Suche nach einer eigenen Identität hier nicht aufhört. In diesem Suchen nach einem eigenen Selbstverständnis und einem daraus resultierenden Lebensstil setzt eine Hinwendung zu weiblichen Vorbildern ein. Verschiedene Lebensentwürfe, auch phantasierte Lebensentwürfe angesichts von Frauen, die sich als Vorbilder anbieten, können durchprobiert werden, entweder im konkreten Leben oder in der Phantasie. Dabei scheinen mir gerade die Projektionen, die auf Frauen gemacht werden, die als Vorbilder gewählt werden, konkret lebende Frauen oder Frauen, deren Biographien heute immer mehr zu lesen sind und die wenig mit der eigenen konkreten Lebenssituation zu tun haben, von großer Bedeutung zu sein: Sie sind ein erster Ausdruck von Frauenbildern, die aus dem eigenen Unbewußten kommen, entstehen also, soweit sie nicht nur verdrängte Lebensentwürfe sind, am ehesten in die Nähe eines wirklich autonomen Frauenbildes, eines autonomen Selbstbildes, das sich natürlich durch die Jahre hindurch auch immer wieder wandeln wird.

Nicht nur Vorbilder spielen eine große Rolle in die-

ser Abgrenzungsphase, die eine eigentliche Selbst-
findungsphase ist, sondern auch Beziehungen zu anderen Frauen, falls die Prägung durch den Mutterkomplex das zuläßt. Ist eine Frau durch einen sehr
negativen Mutterkomplex geprägt, was bedeutet,
daß für sie Frauen – und mütterliche Frauen erst
recht – nur eine Quelle der größten Enttäuschung
sind, dann ist dieser Weg meistens nicht offen. Zumindest wird er mit Mißtrauen beäugt – und die gängige Entwertung der Frau gibt ihnen recht in ihrer
Haltung, von einer Frau nichts zu erwarten.

Die Beziehung zu anderen Frauen ermöglicht Bewußtwerdung von sich selbst als Frau: Frauen sehen
sich dann nicht nur mit den eigenen Augen an, sondern auch durch die Augen einer anderen Frau. Man
spiegelt sich gegenseitig, nimmt sich wahr, nimmt
sich an. Die Beziehung zu anderen Frauen vermittelt
aber auch eine Erlebnisqualität, von der ich meine,
daß sie am ehesten mit »Animaqualität« bezeichnet
werden kann: eine Atmosphäre der Verbundenheit
untereinander und des dabei seelisch »Weitwer-
dens«, ohne daß sie sich schützen muß, eine Form
des erotisch Angesprochenseins, die nicht sofort die
Aktion sucht, eine Faszination von weiblichen Möglichkeiten, Zärtlichkeit usw., die einfach einmal aus-
probiert werden dürfen[11].

Es werden dadurch auch unbewußte weibliche Bilder belebt, verbunden mit den jeweils speziell zu
ihnen gehörenden Emotionen, die sehr viel mit Verbundenheit – zärtlicher Verbundenheit, wilder Verbundenheit – zu tun haben und verschiedene Dimensionen des Frauseins erschließen. Ursprünglich hielt
Jung »Anima« für den weiblichen Seelenanteil im
Manne, die Frau hatte statt dessen einen Animus.
Das Bedürfnis der Frauen nach Anima scheint aber in

46

der heutigen Zeit sehr groß und das Erleben der Anima wesentlich zur Herauslösung des Ich-Komplexes aus dem Mutterkomplex zu sein. Der Austausch der Erfahrungen mit den Freundinnen, werden sie nicht zu rasch an die zweite Stelle gestellt, weil die Beziehung zum Freund, sozial oder auch familiär bedingt, so sehr gefördert und gefordert wird, aber auch das emotionelle Erleben unter Freundinnen sind wichtig bei der Entwicklung eines eigenen Selbstbildes, aber auch bei der Entwicklung von Beziehungsstrukturen, in denen die Frau sich selber nicht aufgeben muß, sondern sie selbst sein kann. Außerdem werden hier differenzierte Gefühle innerhalb von Beziehungen geweckt und gepflegt.

Aus diesem Erleben heraus kristallisiert sich ein neuer Lebensentwurf, der jetzt auch wiederum eine Wiederannäherung an die Mutter erlaubt: Meistens ist es eine Auseinandersetzung mit der Mutter, die nun aber empathisch geführt wird. Die Mutter kann jetzt als eigenständige Persönlichkeit stehen gelassen werden, sie kann verstanden werden in ihrem Gewordensein. Bei dieser Wiederannäherung wird die Tochter auch feststellen, in welchen Eigenheiten sie der Mutter gleicht, daß sie vielleicht sogar die gleichen ärgerlichen Eigenschaften hat, mit denen sie bestenfalls anders umzugehen lernen kann. Sie wird jedoch bemerken, daß sie trotz der Ähnlichkeiten auch ein ganz anderer Mensch ist[12].

Im übrigen wird gerade auch an dieser Form der Freundschaftsbeziehung zu einer mütterlichen Frau deutlich, daß Abgelöstheit von der Mutter nicht heißt, Mütterliches aus dem eigenen Leben zu verbannen, noch einfach selber mütterlich zu sein um jeden Preis. Das Mütterliche hat für die einzelnen Frauen zunächst einmal verschiedene Gesichter:

etwas Warmes zu essen bekommen, immer willkommen sein, Schutz, Verwöhnung, Verführung zum sich Wohlseinlassen usw... Und so besehen zeigt es sich, daß in vielen Interviews, in denen nicht explizit davon gesprochen wurde, daß die Freundin mütterliche Qualitäten hat, dennoch davon gesprochen wurde, etwa wenn die Frauen immer wieder erwähnten, daß sie gerne mit ihrer Freundin etwas Schönes kochen und essen, daß sie Spaß haben wollen miteinander, daß sie etwas Schönes miteinander einkaufen gehen, daß sie sich gegenseitig massieren, in die Sauna gehen usw. Das hat dann nicht mehr primär etwas mit Übertragung der Mutterbeziehung auf die Freundschaftsbeziehung zu tun, sondern es hat damit zu tun, daß sich Frauen miteinander offenbar ein »Mutterfeld« schaffen können, in dem sich gut leben läßt, in dem sie sich erholen können, wo Lebensfreude und vielleicht auch ein wenig Lebenskunst aufblitzen. Es fällt auf, daß nur der positive Aspekt der Mutterbeziehung in der Beziehung zur Freundin reaktiviert wird: eine Chance nachzuholen – oder das ganz Besondere an der Beziehung zur besten Freundin?

Deutlich wird aber auch an diesen Beispielen, daß auch dann, wenn die Freundin mütterliche Qualitäten hat, das nicht unbedingt bedeutet, daß die zugehörige Freundin dann einfach ein Kind oder in ihrer Identität ganz von der Freundin bestimmt wäre. Das *kann* so sein, wobei nahe Symbiosen erfahrungsgemäß immer durch einen Dritten oder eine Dritte oder etwas Drittes (zum Beispiel die Arbeit) gesprengt werden.

Die noch etwas weitergehende Folgerung, die in der Literatur manchmal gemacht wird, daß nämlich die Beziehung zur Freundin einfach eine Verlängerung der Beziehung zur Mutter sein könnte, also letztlich einen Mangel an Autonomieentwicklung andeute, konnte ich weder in den Interviews noch in meiner therapeutischen Praxis feststellen. Es kann dies durchaus einmal vorkommen, es aber zur Regel zu machen, schiene mir unverhältnismäßig.

**Frausein mit
der Freundin**

35 der Frauen (17 der bis 30jährigen, 18 der über 30-jährigen) sagen explizit aus, daß sie in der Beziehung zur besten Freundin oder zu den besten Freundinnen sie selbst sein können, sich nicht verstellen müssen, keine »Maske tragen müssen«, und zusätzlich noch eine »Selbstvergewisserung« erfahren durch diese Beziehung.

»Was mir sehr wichtig ist bei den Dingen, die wir teilen, also erst mal meine Intimsphäre, (...) es gibt keinen Bereich, den ich ganz zumachen würde, also daß wir sehr offen über alle Sachen, aus allen Lebensbereichen reden. Ich kann mich bei ihr so richtig öffnen, brauche keine Maske aufzusetzen und irgend etwas verharmlosen, sondern kann mich echt fallenlassen. Und brauche keine Angst zu haben, daß irgend etwas falsch verstanden wird.« (23 J.)

»Bei ihr fällt es mir z. B. relativ leicht, mich ohne Maske zu geben und mich zu zeigen, wie ich bin. Ihr kann ich auch Sachen erzählen, die mir fürchterlich peinlich sind (...) oder auch Sachen, wo ich mir sehr unsicher bin, ob ich da irgendwas falsch sehe, oder auch nicht. Also auch als Kritikerin ist sie mir sehr wichtig... Sie ist mir auch wichtig, um eine weibliche Identität zu finden.« (29 J.)

Sie selbst zu sein wird für diese beiden Frauen, deren Aussagen für eine ganze Gruppe stehen, als bedingungsloses Stehen zu sich selbst verstanden, wobei eben nichts unter einer Maske versteckt werden muß. Es geht um emotionale Echtheit, die besonders von der zweiten Interviewten in Zusammenhang gebracht wird mit dem Finden einer weiblichen Identität. Die Freundin also als die Person, bei der sie sich zeigen darf, wie sie ist, weil wenig Angst vorhanden ist, falsch verstanden zu werden. Das klingt sehr ideal, wird aber noch und noch wiederholt in den Interviews. Das Erlebnis, das dahintersteht, ist offenbar doch, daß die Freundin zu verstehen versucht, und nicht gleich verurteilt oder zeigt, daß sie es besser weiß. Es scheint eine Öffnung unter Menschen zu sein, die miteinander etwas erreichen wollen, bei denen es nicht primär darum geht, wer gewinnt und wer verliert.

»Irgendwie fühle ich mich viel ernster genommen von Frauen, daß sie mir mehr Platz einräumen, ich dann auch anders rede… Also ich habe das Gefühl, daß ich viel mehr ausprobieren kann, was ich sein kann, so einen Freiraum habe, zum Experimentieren, was für Möglichkeiten in mir stecken. Und nicht so auf eine Rolle reduziert werde, also nicht so begrenzt bin; das ist unheimlich befreiend.« (28 J.)

Es geht nicht nur um emotionale Echtheit, jenseits eines Rollenzwanges, es geht auch darum, daß in der Beziehung zur besten Freundin Raum ist, um sich selbst auszuprobieren. Raum zu haben, um sich auszuprobieren, um sich darzustellen, um sich ausbreiten zu können, ohne gleich von einem anderen Menschen, der viel Raum beansprucht, in die Schranken gewiesen zu werden, ist enorm wichtig – und ist »unheimlich befreiend«. Es ist also in der Beziehung zur besten Freundin möglich, die verschiedenen Seiten an sich selbst, die sie zu einem gewissen Teil selbst nicht kennt, erstmals zum Ausdruck zu bringen – und in einem geschützten Rahmen – die beste Freundin ist meistens wohlwollend gesinnt – ein erstes Mal auszuprobieren.

Sich in der Beziehung zur Freundin so geben zu können, wie sie ist, scheint geradezu das Kriterium zu sein für die Qualität »beste Freundin«.

»Bei Birgit würde ich sagen, daß ich zu ihr die intensivste Beziehung habe und daß ich mich ihr gegenüber am meisten so geben kann, wie ich eigentlich auch bin, oder wie ich mich fühle.« (23 J.)

Sie selber sein wird von diesen Frauen verschieden verstanden, grundsätzlich aber als Echtheit im Ausdruck, die kongruent ist mit der eigenen Befindlichkeit. Dazu wird erlebt, daß diese Echtheit nicht in einem vorbestimmten Bereich erlaubt ist, sondern in einem sehr weiten Bereich, also ermöglicht, auch noch nicht Erprobtes durchzuspielen.

Das heißt aber auch, daß keine Fassaden notwendig sind. Keine Fassade aufbauen zu müssen, heißt unter anderem auch, von Dingen sprechen zu dürfen, die wirklich ängstigen:

»Wir reden auch über solche Sachen wie Krebs oder Tod, die uns angst machen, und wir wissen voneinander, daß wenn eine von uns betroffen ist, daß wir dann Rückhalt haben. Bei Männern habe ich oft das Gefühl, daß ich die Starke sein muß, und sie eigentlich noch mit durchziehen muß, wenn irgendein Problem da ist.

Also bei einer Freundin habe ich auch dieses Vertrauen und kann mich auch fallenlassen. Ich brauche bei einer Freundin nicht zu spielen, also keine Fassade aufzubauen, und das ist nicht so anstrengend.« (36 J.)

Die Freundschaft als Ort des Vertrauens und die Möglichkeit, sie selbst zu sein, ohne eine Fassade aufbauen zu müssen, ohne eine bestimmte Rolle zu spielen, gehören untrennbar zusammen. Folge davon ist unter anderem, daß von tiefen Ängsten gesprochen werden kann und offenbar auch sich gegenseitig vermittelt wird, daß die Freundin dann nicht im Stich gelassen wird. Folge davon ist mehr Vertrauen zu sich selbst – die Ängste müssen dann nicht verdrängt werden, was das Selbstbewußtsein stützt – und mehr Vertrauen in die Freundin und in das Leben.

»Mir ist das ganz wichtig, daß so eine Ehrlichkeit da ist, daß ich mich nicht hinter irgendwelchen Rollen und Masken verstecke, oder sie sich; sondern daß wir Sachen aussprechen, die sonst irgendwie dazwischenstehen. Eine Freundschaft besteht für mich auch gerade darin, über solche Dinge zu reden, das zuzulassen, auch Ängste zuzulassen, die in einer Freundschaft da sind, um auch so eine Nähe zuzulassen.« (30 J.)

Sie selbst sein zu dürfen hat viel damit zu tun, sich zu den eigenen Ängsten bekennen zu dürfen, sind diese doch eine ernsthafte Anfrage an sich selbst, sagt uns die Angst doch, wo wir uns von einer Gefahr ergriffen fühlen, wo wir uns in unserer Identität bedroht fühlen, andererseits aber auch gerade, wo wir etwas für unsere Identität tun können und tun müssen, indem wir die Angst wahrnehmen, sie benennen und uns überlegen, wie wir mit Mut zur Angst eine Situation so verändern, daß sie für uns stimmiger ist, oder wie wir lernen, mit der Angst zu leben. Eine wichtige Form der Angstbannung ist es, die Angst miteinander zu teilen und miteinander zu überlegen, wie wir ihr begegnen. Ebenso wichtig ist es aber auch, herauszufinden, ob denn andere Menschen eine uns vielleicht sehr ängstigende Situation anders beurteilen, ob wir die für uns bedrohlich erscheinende Situation auch mit anderen Augen sehen und dadurch anders erleben können.

Je weniger wir die Angst zulassen dürfen, desto mehr werden wir Abwehrmechanismen einsetzen müssen. Abwehrmechanismen sind an sich sinnvolle psychische Mechanismen, die uns z. B. helfen, in Situationen großer Angst uns etwas von dieser Angst zu distanzieren, damit wir wieder mit mehr Überlegung die Situation meistern können. So »weisen« wir etwa mit statistischen Zahlen nach, daß wir nicht wirklich gefährdet sind durch eine bestimmte Krankheit, sehr wohl aber andere Menschen, die vielleicht mehr Risikofaktoren in ihrem Leben haben als wir. Wir brauchen also die Abwehrmechanismen der Rationalisierung und des Delegierens, um unsere Angst zu beschwichtigen, und fühlen uns dann vorübergehend besser. Gingen wir anschließend dem Problem auf den Grund, indem wir uns z. B. fragen würden, weshalb wir denn gerade jetzt plötzlich eine solche Angst vor Krankheit und Tod haben, dann hätten die Abwehrmechanismen ihren Sinn voll erfüllt: Sie führen zu einer Beruhigung, aus der heraus die richtigen Fragen gestellt werden können. Stellen wir uns diese Fragen aber nicht, benötigen wir immer mehr Abwehrmechanismen, um uns eine gewisse Ruhe zu verschaffen, allerdings um den Preis, daß wir uns immer weiter von uns entfernen, immer weniger mit unserem lebendigen Selbst in Kontakt sind. Diese Abwehrmechanismen brauchen wir natürlich nicht nur uns selbst gegenüber, sondern auch in Beziehungen, etwa dann, wenn unendlich viel geredet werden muß, weil das Eigentliche, Konflikthafte nicht angesprochen werden darf.

Beziehungen, in denen mehr Angst zugelassen werden darf, sind Beziehungen, in denen man weniger Abwehrmechanismen braucht, wie das eine Frau ausdrückt :

>>Ich habe das Gefühl, daß Schutzmechanismen vielerlei Art da nicht erforderlich sind. Also, ich brauche mich nicht vor Verletzungen zu schützen. Ich kann unkontrollierter sein, weil ich nicht aufpassen muß, daß sie mir was tut… Ich glaube, das ist sehr wichtig.<< (36J.)

Auf die etwas erstaunte Rückfrage der Interviewerin, ob sie denn noch nie von der Freundin verletzt worden sei, antwortet sie :

>>Ich könnte es wirklich nicht sagen… Wenn ich das Gefühl habe, ich habe irgend etwas gesagt, was sie hätte verletzen können, dann frage ich nach, oder sie äußert das. Und dann wird darüber geredet. Somit habe ich nicht das Gefühl, im nachhinein, von verletzen oder verletzt werden.<< (36J.)

>>Schutzmechanismen vielerlei Art<< sind nicht erforderlich gegenüber sehr vertrauten Menschen, von denen wir annehmen, daß sie uns wohlwollend gegenüberstehen. Das heißt mit anderen Worten nur wieder, daß in diesen Beziehungen wenig Angst ist, und daß dann, wenn wir uns nicht ängstigen, wir uns selbst zeigen dürfen wie wir sind. Das heißt aber auch, daß wir in solchen Situationen eher herausfinden, wie wir denn überhaupt sind, nicht so sehr, wel-

che Rollen in der Welt wir zu spielen fähig sind, sondern wie wir wirklich sind. Da wird sehr deutlich auch angesprochen, daß in diesen Freundschaften auch »Peinliches« gezeigt werden kann. Peinlich ist uns das, was wir an uns nicht akzeptieren können, was wir eigentlich verstecken möchten, was nicht mit dem Bild, das wir von uns selbst haben, übereinstimmt. Es sind uns fremde Seiten, die dennoch sehr weitgehend unser Leben ausmachen, so daß es sehr wichtig wäre, diese fremden Seiten, diese Schattenseiten in unser Selbstbild zu integrieren.

In der Beziehung zur besten Freundin können also auch Schattenseiten ins Licht gehalten werden, die wir sonst und vor allem in anderen Beziehungen eher vor der Welt verbergen. Diese sind aber gerade sehr wichtig sowohl für die Selbsterkenntnis als auch für den Umgang mit anderen Menschen, auf die wir unseren unbewußten Schatten projizieren oder an die wir ihn delegieren, und die unsere Beziehungen zu ihnen stören oder die Beziehung zu uns selbst verzerren, weil wir – in der durchgängigen Identifikation mit den Schattenseiten – uns ganz und gar verschattet vorkommen.

Auch wenn in der Beziehung zur besten Freundin diese Schattenseiten gesehen werden dürfen, auch zu ihnen gestanden werden kann, was für den Prozeß der Selbstwerdung sehr wichtig ist, weil dieses Herausfinden, wo Licht und wo Schatten ist, nötig ist, um verantwortlicher mit diesen Seiten umgehen zu können, so gilt doch auch die Regel, daß in jeder Beziehung auch Schatten entsteht. Darüber wird noch zu sprechen sein.

Wenn in diesen Aussagen und in einigen, die ich nicht zitiere, von den Frauen fast beschworen wird, daß es bei der Freundin möglich ist, sie selbst zu sein, daß nicht gewertet, vor allem auch nicht entwertet wird, so verstehe ich das zunächst dahingehend, daß die Beziehung zur besten Freundin wirklich als eine wohlwollendere verstanden wird als die üblichen menschlichen Beziehungen, zum anderen aber auch dahin, daß es für die Frauen ungeheuer wichtig ist, einen Ort zu haben, wo sie sie selbst sein können, wo sie sich nicht so sehr fürchten müssen vor Unverständnis, vor Verachtung, wo sie auch nicht gleich zurechtgewiesen werden, wo sie in Ruhe herausfinden können, was sie denn eigentlich wollen.

Auch in den Interviews, in denen deutlicher zum Ausdruck gebracht wird, daß es zwischen den Freundinnen auch immer wieder einmal Probleme gibt, scheint das Vertrauen darauf durch, daß diese Probleme angesprochen werden können. Keine Maske haben zu müssen, sich nicht hinter irgendwelchen Rollen verstecken zu müssen scheint gerade darauf zu gründen, daß »Ehrlichkeit« angestrebt wird.

Nicht immer scheint es aber eine Tugend zu sein, daß hier keine Maske gezeigt, keine Fassade aufgebaut werden muß. Gelegentlich bin ich der folgenden Aussage – in Variationen – begegnet:

»Wir brauchen einander nichts vorzumachen, wir kennen einander, und wir haben unsere Stärken und Schwächen gegenüber einander ausgelotet...« (33J.)

Auch das eine Beruhigung, nichts vormachen zu müssen, weil es nichts vorzumachen gibt, weil da ein Mensch ist, der einen doch weitgehend kennt. Auch das ist ein wichtiger Aspekt des Selbstseins: Wenn andere Menschen uns kennen, dann ist das wie eine Versicherung, daß das, was wir über unser Leben wissen, unsere innere und natürlich auch unsere äußere

Geschichte – aber hier geht es mehr um die innere – seine Richtigkeit hat, daß wir wirklich die sind, die wir zu sein vorgeben. Es ist eine Versicherung im Gewordensein unserer Identität.

Das Thema der Ehrlichkeit taucht in diesem Zusammenhang immer wieder auf:

»...ich habe das Gefühl, daß da einfach so ein Vertrauen besteht, daß man das auch sagt, was man denkt. Ich spüre da so eine Ehrlichkeit, die dahintersteht (...). Ich glaube, bei Frauen bin ich eher dazu in der Lage, offener über meine Sachen zu reden, als ich es mit Männern mache (...). Ich fühle mich unter Frauen einfach sicherer. Ich habe immer das Gefühl, daß Frauen mir eher sagen, was sie nervt an mir, und daß das oft ehrlicher ist als bei den Beziehungen, die ich zu Männern habe.« (30J.)

»Sie sagt mir immer ihre Meinung und ich ihr auch. Es ist ein sehr ehrliches Verhältnis zueinander, (...) die macht mir nichts vor. Die sagt mir nicht, das finde ich toll, wenn sie es blöd findet, sondern sie sagt dann auch: blöd... Und dadurch fühle ich mich auch so unterstützt von ihr..., so ehrlich angenommen und unterstützt.« (36J.)

Offenheit, Ehrlichkeit, ehrliche Rückmeldungen, das sind weitere Qualitäten einer nahen Freundschaft. Dabei wird in den Interviews auch zum Ausdruck gebracht, daß diese Offenheit und Ehrlichkeit vertragen wird, daß die Anstöße, die daraus erfolgen, durchaus einen Entwicklungsanreiz bringen. Es ist natürlich ein sehr gutes Lebensgefühl, darauf vertrauen zu können, daß ein Mensch auf der Welt wirklich ehrlich auf uns reagiert, weniger taktiert oder vielleicht etwas verschweigt, weil Angst da ist, es der anderen nicht zumuten zu können. Und zugemutet wird einander da offenbar einiges.

Diese Aussagen stehen in einem gewissen Widerspruch zur Angst, die Freundin durch Abgrenzung zu kränken und zu verlieren, der wir später begegnen werden, und zur verhältnismäßig großen Angst vor Konflikten. Dieser Widerspruch muß so stehen gelassen werden, diese Hoffnung auf Ehrlichkeit und diese Bereitschaft, ehrlich in dieser Beziehung drin zu stehen. Das tiefgehende Vertrauen und die Hoffnung auf gültige Orientierung durch einen wohlwollenden Menschen stehen vermutlich gleichberechtigt neben der Angst, die Freundin zu kränken und dadurch zu verlieren.

Es geht aber nicht nur darum, daß Ängste zugelassen werden, peinliche Seiten enthüllt werden können, sondern es geht auch darum, daß Stärken zugelassen werden können:

»Es ist irgendwie selbstverständlich, daß wir miteinander ganz schwach sein können, oder auch ganz stark.« (26 J.)

Und noch ausgeprägter:

»Auch bei guten Freunden kommt dann manchmal so ein Lächeln, wenn ich was sage, wie stark ich auftrete und mir das Recht rausnehme, Sachen zu sagen und den Raum einzunehmen, meine Gedanken zu entwickeln, (...) sie es aber nicht gut haben können, wenn ich ihnen die Show stehle.« (28 J.)

Interessant ist bei diesem Beispiel auch die Formulierung: Die 28jährige Frau erlebt sich als eine, die sich das Recht herausnimmt – nicht einfach hat –, ihre Gedanken zu entwickeln, Raum einzunehmen – und sie erlebt, daß dies offenbar gegen die Ansprüche der Männer zu geschehen hat. Bei den Freundinnen aber ist es für sie selbstverständlich, daß sie alle diese Rechte hat.

Unterschiede zur Männerbeziehung...

Wenn so sehr das Selbst-sein-Können betont wird, dann heißt das immer auch: im Unterschied zu Beziehungen, in denen die Frau nicht sie selbst sein kann, und das sind im wesentlichen die Männerbeziehungen, mit denen die Beziehung zur besten Freundin verglichen wird, neben die sie gestellt wird.

»Ja, eine Freundschaft zu einer Frau ist für mich eine ganz andere Freundschaft als zu einem Mann. Meine Erfahrungen sind einfach die, daß ich zu einem Mann nicht so eine Freundschaft haben kann wie zu einer Frau. Da spielt immer die Komponente Mann – Frau mit rein, und bestimmte Sachen verstehen Frauen einfach besser... Wo ich das Gefühl hab, da kann ich mich so normal fallenlassen. Da muß ich mich nicht anstrengen, da kann ich auch mal was falsch machen. Bei einer Frau hab ich auch erst mal weniger Leistungsdruck.« (31 J.)

Oder anders formuliert:

»Du mußt nicht in irgendeiner Weise besonders sein, oder irgendwas Besonderes tun für diese Zunei-

gung oder für diese Beziehung. Du kannst einfach sein, wie du bist. Du mußt dich nicht anstrengen dafür.« (28 J.)

»*Ja, und ein weiterer Punkt: Man kann da einfach auch wirklich nur mal losjabbeln, einfach loserzählen, ohne Punkt und Komma, ohne daß man dann gleich das Gefühl hat, jetzt mußt du etwas Hochgeistiges erzählen, das muß alles ganz toll sein, also einfach loserzählen, (…) ohne daß gleich Kommentare kommen – und man hat auch ganz andere Themen als mit einem Mann.« (29 J.)*

»*Was ich da auf jeden Fall suche und eigentlich meistens auch finde, ist ein Raum für Verständnis, was ich mit Männern nicht habe. Miteinander reden, austauschen ist unheimlich wichtig, einfach erzählen, wissen, das ist jemand, der (!) hört mir zu, der versteht. Und da gibt es ganz viele Ansprüche oder Spielchen, die sonst laufen zwischen Männern und Frauen, einfach nicht; das ist anders.« (31 J.)*

Ob mit einem Mann nun wirklich immer nur etwas Hochgeistiges ausgetauscht werden kann, und ob dieser dann in der Lage wäre, diesem Hochgeistigen auch immer zu folgen, müßte natürlich zunächst noch ausgemacht werden. Es ist also durchaus möglich, daß dieser Leistungsdruck, der allerdings von mehreren Frauen gespürt wird, einer Projektion entspricht: daß ein eigener hoher Anspruch, der möglicherweise aus Erfahrungen mit dem Vater und den Vätern stammt, hier projiziert wird. Daß es sich aber nicht um reine Projektionen handelt, beweisen Äußerungen von Männern in unseren Fragebogen, die dahin gehen, daß sie nicht verstehen, daß Frauen so lange Zeit über Beziehungen sprechen können und daß es ihnen ganz recht sei, wenn die Frauen diesen Bereich mit ihren Freundinnen abdecken würden.

Auch das Thema, von den Männern nicht gehört zu werden oder nur eine sehr selektive Aufmerksamkeit zu bekommen, ist ein Thema, das vor allem auch in den Therapien immer wieder angeschnitten wird, ein Erlebnis, unter dem viele Frauen sehr leiden.

Dennoch kann nicht die ganze Schuld einfach den Männern zugeschoben werden: Auch Frauen verhalten sich eben anders, wenn sie mit einer Frau oder einem Mann zusammen sind:

»Mit Männern kann man das (das Austauschen von emotionalen Empfindungen) so nicht haben, finde ich. Weil man da als Frau nicht so offen ist und so natürlich. Ich finde, bei Männern echauffiert man sich immer so ein bißchen. Also es gibt wenig Männer, mit denen man so offen sein kann. Es gibt sicher auch ein paar Männer, wo man das kann.« (37 J.)

»Und bei Frauen habe ich auch das Gefühl, mehr so sein zu können, wie ich bin. Also nicht irgendwie sein zu müssen, um zu gefallen... also nicht: Wie wirke ich jetzt, wie bin ich jetzt? Wenn jetzt hier ein Mann sitzen würde, ich könnte nie so mit einem Mann reden wie mit dir. Ich hätte nicht das Gefühl, daß es auf einen Boden fällt, wo das verstanden wird.« (34 J.)

Wenn Frauen mit Männern zusammen sind, scheint es zunächst nicht darum zu gehen, daß sie ihr Selbst in vielen möglichen Facetten erfahren und zum Ausdruck bringen, sondern daß sie deutlich auf den

Mann bezogen sind, auf seine vermeintlichen oder wirklichen Wünsche, und daß sie das Gefühl haben, deshalb nicht mehr offen sein zu können.

Die, die ich bin

»Mir geht es auch so, daß ich im Umgang mit Männern nicht immer die bin, die ich eigentlich bin, sondern schon ein bißchen gucke, was paßt da rein, was nicht, und das hab ich nicht nötig bei den beiden (Freundinnen).« (19J.)

In dieser Aussage kommt deutlich zum Ausdruck, daß diese junge Frau die Tendenz hat, in Gegenwart von Männern nur die Seiten von sich zu zeigen, die ihr bei den Männern Wohlwollen garantieren. Damit zeigt sie aber nicht ihr wahres Selbst, das heißt auch, sie vergibt sich eine Möglichkeit, ihr wahres Selbst in den Beziehungen kennenzulernen. Würde dies ihre ausschließliche Verhaltensmöglichkeit sein, dann könnte man von einer abgeleiteten Identität sprechen.

Eine abgeleitete Identität zu haben heißt, anstatt im Laufe des Lebens immer mehr das eigene Selbst kennenzulernen, sich das Selbst von anderen Menschen, in unserer Kultur bei Frauen meist durch die Väter, Freunde und Männer, verschreiben und vorschreiben zu lassen. Diese wissen dann, wie die Frau sich zu fühlen hat, was sie zu spüren hat, wie sie zu denken hat, sie wissen auch, was denn eigentlich eine »richtige« Frau ist: Sie ist dann eine richtige Frau, wenn sie ihren Vorstellungen von einer richtigen Frau sich angeglichen hat, sie ist also dann eine richtige Frau, wenn sie die eigene Identität verraten hat, wenn sie, statt sich immer wieder zu fragen, was denn jetzt für sie selbst richtig und stimmig sei, sich überlegt, was denn der Partner am liebsten von ihr hätte.

Dieses Problem der abgeleiteten Identität ist ein weit verbreitetes Problem unter Frauen und meines Erachtens ein sehr wichtiger Grund, warum viele Emanzipationsbemühungen keinen Erfolg haben und Frauen sehr oft weder sich selbst wirklich schätzen noch andere Frauen. Es ist aber auch ein Grund dafür, daß Männer Frauen sehr oft nicht wirklich respektieren. Daß es nicht nur ein Problem bei sehr jungen Frauen ist, zeigen die folgenden Aussagen:

»Bei meiner Generation kommt immer dieses Machtgefälle mit rein. Und ich hab auch Angst, da wieder in bestimmte Rollen zu fallen, so wie ich sie kenne; und da helfen mir die Frauen sehr, auf mich achtzugeben. Und ich brauche das sehr stark. Wenn ich daran denke, wie mich so was auch geprägt hat, wie mein Selbstwertgefühl davon bestimmt war durch diese Patriarchen, geht mir direkt der Atem schneller.«

So spricht eine 59jährige geschiedene Lehrerin, die aber wieder eine Liebesbeziehung mit einem Mann eingegangen ist.

Es geht aber nicht nur darum, eine Rolle zu übernehmen, sondern auch darum, Wertungen zu übernehmen, die ganze Bandbreite der Identität nicht an sich selber zu erleben und zu definieren, sondern sie von außen übergestülpt zu bekommen, letztlich dann auch den Selbstwert von außen zugeschrieben zu bekommen.

Wie schwierig es ist, keine Spielchen zu spielen, betont eine 52jährige Frau:

»Also beim Mann ist es eben so, daß im Hintergrund immer die Sexualität auf der Lauer liegt, und das heißt dann auch, zum einen möchte man gerne attraktiv sein, und ich stehe dann so unter einer Spannung und möchte gefallen oder fange an, mich zu produzieren oder so – also das war früher so, jetzt bin ich Gott sei Dank darüber hinaus… Oder auch dies – woran ich mich auch ein Leben lang abgerackert hab – so dieser Überlegenheitsanspruch, gegen den ich mich immer wieder behaupten zu müssen meinte, oder auch dieses Mir-helfen-Wollen, was ich lästig fand… Wo ich immer wieder sagen mußte: ›Verdammt noch mal, ich kann das schon alleine, und wenn ich Hilfe brauche, dann sage ich es schon.‹«

Offenbar ist es für Frauen eine große Verführung, den Männern gefallen zu wollen, auch um den Preis, daß sie dabei ihre Identität verlieren, oder sehr viel von ihrer Kompetenz dabei verleugnen. Kompetenz ist aber auch ein Aspekt der Identität. Auch wird bei diesen drei Aussagen deutlich, daß es das Bestreben der Frauen ist, sich nicht mehr zu verraten um den Preis des Gefallens, und das scheint bei den Beziehungen zu den Freundinnen in einer selbstverständlichen Weise möglich zu sein.

Esther Harding brachte 1932 in ihrem Buch »Der Weg der Frau«, das bis jetzt immer wieder aufgelegt wurde, die zunehmende Wichtigkeit der Frauenfreundschaften – mit und ohne Sexualität –

damit in Zusammenhang, daß in der Mann-Frau-Beziehung die Frau zu sehr unter dem Druck stünde, sowohl von außen, vom Manne her – und wohl auch von der Gesellschaft her –, als auch von innen, von ihrer Psyche her, die Anima des Mannes zu verkörpern. Die Anima wird heute verstanden als die faszinierende oder erschreckende weibliche Seite im Manne, die von Mutter und Schwester beeinflußt ist, die aber in der Gestalt der geheimnisvollen Fremden, die letztlich den Kontakt zum geheimnisvollen Fremden in der eigenen Psyche herstellt, sowohl die Ablösung von Mutter und Schwester als auch den Zugang zur Spiritualität gewährleistet. Dies allerdings nur, wenn die Anima nicht an den ursprünglichen Mutter- und Schwesterbildern fixiert bleibt. Diese sind es denn auch oft, die von den Männern auf die Partnerin projiziert werden. Die Emotionalität, die mit der Anima verbunden ist, wird als zwingende Macht in der Projektion erlebt: Die Frau soll sich diesen Bildern entsprechend verhalten, um sich die Faszination des Mannes zu erhalten. Damit gibt sie aber ihre Identität auf. Auch die Wahl der entsprechenden Frau hat wohl schon in etwa diesem Bild entsprochen.

Wenn nun aber die Frau »gezwungen« ist – wir würden heute von einer projektiven Identifizierung sprechen –, diese Anima zu leben, und nicht imstande ist, sich davon abzugrenzen und mit dieser Projektion produktiv umzugehen, dann steht die Anima des Mannes anstelle des Selbst der Frau, dann ist – jetzt wieder Esther Harding – keine Beziehung möglich. Die Beziehung aber lebe die Frau in der Frauenfreundschaft. Allerdings auch dort nicht ungestört, denn die Gefahr der Frauenfreundschaft sei die der Identifikation der Freundinnen miteinander, an deren Stelle Individuation und Beziehung treten müsse.

Esther Harding hat hier 1932 eine ebenso gewagte wie auch bedenkliche These aufgestellt: Letztlich sei zwischen den Geschlechtern keine Beziehung möglich, nur Projektion. Wobei die Männer für die Projektion des Animus der Frau wesentlich weniger empfänglich zu sein scheinen...

Würden allerdings diese Projektionen bewußt gemacht und Teil der Auseinandersetzung zwischen Mann und Frau, dann müßte Beziehung auch wieder möglich werden. Esther Harding fußt natürlich auf der Anima/Animustheorie, wie sie in den 30er Jahren gelehrt wurde. Sie ist unterdessen weiter entwickelt worden [13], unter anderem wird von verschiedenen Jungianern und Jungianerinnen die Idee geteilt, daß Frauen und Männern Animus und Anima in ihrer Psyche erlebbar sind, daß sie sogar recht häufig als Paar auftreten. Das könnte aber für die Beziehung zwischen Mann und Frau bedeuten, daß wechselseitig die beiden sehr viel mehr in Gefahr sind, den Bildern des gegengeschlechtlichen Partners entsprechend sich definieren zu müssen – also daß auch mehr Besinnung auf das eigene Selbst wichtig wird.

So habe ich kürzlich einen Text eines Mannes gesehen, in dem er seine Männergruppe dazu aufruft, die eigene Identität zu finden, etwa in dem Sinne: Wir haben es satt, das als unsere Identität zu bezeichnen, was Mütter, Schwestern, Väter etc. als unsere Identität bezeichnet haben. Es war das erste Mal, daß ich diese Töne von einem Mann aus einer Männergruppe gehört habe, bisher hörte ich sie immer nur von Frauengruppen: Wir wollen herausfinden, was denn unsere Identität ist, jenseits von all diesen Verschreibungen, die uns die Männer verpaßt haben. Konsultiert man allerdings die Literatur, die Belletristik wie auch die psychologische Fachliteratur, dann fällt auf, daß die Männer mit Genuß am Frauenbild, an Frauenbildern herumbasteln, geradezu »Typen« kreieren – die Anima ist ja nicht individuell –, von der weiblichen Seite aus ist da viel mehr Zurückhaltung zu spüren. Vielleicht, weil wir gebrannte Kinder sind? Oder schreiben wir weniger darüber, leben aber mehr danach?

Männer und Frauen scheinen also auf der Suche nach der eigenen Identität zu sein, der originären Identität, der nicht abgeleiteten Identität – und das ist gut so. Vielleicht ist das eine Möglichkeit, daß Beziehung zwischen den Geschlechtern dann doch wiederum möglich wird.

Für die Frauen heißt es primär, daß sie sich bewußt werden darüber, daß in unserer Gesellschaft die abgeleitete Identität noch immer als wertvoll, als naturgewollt, als »normal« hingestellt wird.

Kommt ein Mädchen in die Adoleszenz, dann wird zunächst der Vaterkomplex, in seinem allgemeinen Aspekt, aktiviert. Dieser Vaterkomplex ist natürlich immer auch überlagert durch das persönliche Erleben des Mädchens mit seinem Vater. Das heißt: Männer werden interessant, Lebensqualitäten, die im Zusammenhang mit dem Vater erlebt wurden, werden in der Projektion auf Freunde in einer neuen, etwas abgewandelten Form erlebt, oder in einer anderen Sozialisationsform mehr auf geistiges und intellektuelles Leben übertragen; beide Sozialisationsformen sind mit einer Faszination verbunden. Diese zwei Sozialisationsformen können gemeinsam auftreten, in der Regel aber haben wir auf der einen Seite die Mädchen, die sehr früh einen Freund haben und die Paarbeziehung leben, auf der anderen Seite die, die sich dem intellektuellen Leben verschreiben, in einer geistigen Welt sich bewegen, in der Inspiration, Religiosität, Politik oder auch einfach die Faszination des Intellekts und der Intelligenz eine große Rolle spielen. Je nach zugrundeliegendem Mutterkomplex sind diese Mädchen mehr oder weniger körperfern in dieser Phase.

Bei beiden Sozialisationsformen – und auch dann, wenn sie verbunden werden können – bleiben die Bindungen an den Vater und an den Vaterkomplex erhalten. Die Auseinandersetzung mit dem Vaterkomplex wird vom Mädchen gar nicht gefordert, denn in der Identifikation mit dem Vaterkomplex kann es die von ihm sozial geforderte Rolle gut erfüllen: Entweder hat sie einen Freund und wird bald Hausfrau und Mutter – und sie wird nicht zu viel Eigenwillen ihrem Mann entgegenstellen –, oder sie lebt in der intellektuellen Welt, meist identifiziert mit der Vaterrolle, und bewährt sich dort. Nun ist natürlich gegen beide Rollenfindungen nichts einzuwenden, wenn sie wirklich aus einem eigenen Entschluß heraus erfolgen, wenn sie nicht einfach einem Entwicklungsstillstand entsprechen, der bewirkt, daß eben keine eigene Identität gesucht wird, sondern eine verschriebene Identität übernommen wird.

Es gibt immer wieder zu Erstaunen Anlaß, wie Frauen, deren Ichkomplex mit dem Vaterkomplex identifiziert ist, sehr gut wissen, wie man sich in dieser Welt benimmt, wie man zugreift usw. Erfolgen dann in diesen Leben emotionale Einbrüche, wie Trennungen, Ablösungen der Kinder, sind diese Frauen hilflos, fühlen sich leer, zerstört, können sich selber auch gar nicht verstehen, waren sie doch bis jetzt gut mit dem Leben zurechtgekommen und auch immer so vernünftig gewesen! Wenn die Auseinandersetzung einer Frau mit ihrem Vater- und Mutterkomplex nicht stattgefunden hat, und der Vaterkomplex auf den Freund übertragen worden ist, kann die Frau in der Rolle einer Tochter bleiben über lange Zeit. Sie ist dann nicht die Partnerin, sondern insgeheim die Tochter ihres Mannes. Auch das ist eine Form der abgeleiteten Identität, die gesellschaftlich zunächst nicht als solche problematisiert wird, sondern eher als erwünscht gilt, denn damit werden die herrschenden Strukturen gestärkt.

Solange die Männer und das Männliche als wertvoller gelten in unserer Gesellschaft, wird diese »Entwicklung« auch nicht in Frage gestellt werden, denn die Frauen haben so Anteil am Wertvollen, sie holen sich so die Erfüllung, die sie aus sich selbst nicht zu haben meinen[14].

Die Rollenforderung kann also quer zur Identitätsfindung der Frau stehen, zumindest kann sie die geforderte Rolle erfüllen, ohne eine autonome Identität suchen zu müssen. Sie fühlt sich als »richtige Frau« und muß nicht danach fragen, was das eigentlich ist, weil sie ihre Rolle erfüllt. Daß sie keine eigene Identität hat, fällt dabei nicht auf[15].

Die Gefahr, eine abgeleitete Identität[16] zu kultivieren, scheint in der Adoleszenz besonders groß zu sein, ausgerechnet in dieser Aufbruchsphase, in der so vieles neu werden kann. Das muß aber dann nicht so bleiben:

»...daß ich schon in der Phase der Pubertät, glaube ich, der Anerkennung von Männern hinterhergerannt bin. Und das irgendwie mehr im Vordergrund stand. Und jetzt werden mir die Freundinnen eigentlich genauso wichtig wie ein Freund...« (26J.)

»Frauenfreundschaften haben für mich auch in den letzten Monaten zunehmend an Bedeutung gewonnen, weil mir klargeworden ist, daß ich mich nicht immer an Männern orientieren möchte, sondern zunehmend an Frauen, daß sie mir ähnlicher sind als Männer, daß ich mich eher verstanden fühle als bei Männern, ja, und daß ich gemeinsam eine Erfahrung teilen kann, die die Männer halt nicht machen im Patriarchat.« (24 J.)

»Ich habe das Gefühl, daß so meine eigene Veränderung oder Entwicklung im letzten halben Jahr auch viel damit zu tun hat, daß ich so viel mit Frauen zusammen bin. Daß auch immer wichtiger für mich wird, was die Frauen dazu sagen, was sie zu bestimmten Sachen meinen. Und daß es immer unwichtiger wird, was Männer dazu sagen.« (25 J.)

In diesen drei Aussagen wird deutlich zum Ausdruck gebracht, daß die Orientierung an den Frauen noch etwas anderes einbringt als die Orientierung an den Männern, daß die Hoffnung besteht, durch die Orientierung an den Frauen eine andere Erfahrung von sich selbst machen zu können, weil die Freundinnen die Frauen anders spiegeln, als die Freunde dies tun, und diese Spiegelung eher dazu führt, die originäre Identität zu finden, als dies durch das Spiegeln durch einen Mann, durch einen Menschen des anderen Geschlechts, möglich ist.

Auch wird immer wieder betont, daß in der Beziehung zu Frauen eine gemeinsame Erfahrung von Freuden und Leiden des Frauseins geteilt werden kann.

Durch dieses Teilen miteinander entsteht auch die Gewißheit, daß es sich bei bestimmten Problemen nicht einfach um individuelle Schwierigkeiten handelt, sondern daß es um Erfahrungen geht, die von vielen Frauen gemacht werden. Die Frauen werden dadurch in ihrer Selbstwahrnehmung versichert und können sich auch kritischer mit der Frauenrolle auseinandersetzen, nicht aus der Sicht des Freundes oder des Partners, sondern aus der Sicht von betroffenen Frauen.

»*Gerade in letzter Zeit setzte ich mich viel mit meiner Rolle als Frau auseinander; auch mit den Freundinnen. Und ich glaube nicht, daß es so mit Männern ginge, einfach weil ich glaube, die können das nicht so verstehen oder beurteilen, wie man sich so als Frau fühlen kann. Ich finde das einfach gut, daß ich bei so Sachen, die ich bis jetzt als individuell eingeschätzt habe, dann erkenne ... (daß das) damit zusammenhängt, daß ich eine Frau bin ...« (29 J.)*

Die Folge aus diesen gemeinsamen Erfahrungen wird in anderen Interviews als »Frauensolidarität« bezeichnet:

»*Ich hatte auch während der Ehe Freundinnen, aber die haben nicht die Bedeutung für mich gehabt wie in der Zeit jetzt nach der Ehe. Es ist eine sehr wichtige Erfahrung für mich, die ich vorher in dem Maße nicht gehabt habe ... Das ist ein total anderes solidarisches Gefühl. Es sind sehr viele Sachen, wo man sich nicht mehr als alleinige Versagerin vorkommt, sondern es wiederholen sich viele Dinge bei anderen Frauen auch. Man erkennt die Historie von Frauen, die uns jahrhundertelang auf dem Buckel liegt, mit der alle (Frauen) sehr ähnliche Probleme haben, was ein ganz besonderes Gefühl untereinander abgibt ...*

*So Dinge wie Emanzipation, ein anderes Denken,
meine Aversion, meine Verletztheit durch Ma-
chismo, diese Dinge teile ich auch mit den anderen
Frauen (...) unsere gemeinsame Geschichte, unser
gemeinsames Frausein verbindet... Daß man dann
plötzlich auch gemeinsam seine eigenen Kräfte wieder spürt und sie nicht dauernd verleugnen und sich
nicht dauernd dafür schämen und sie unter den
Scheffel stellen muß, weil sie eventuell einen Mann
verletzen könnten. Das ist auch schon sehr interessant, daß wir uns gegenseitig sehr viel Kraft geben
und die Kräfte auch wieder deutlich werden, die
jede einzelne hat.« (61 J.)*

In der Beziehung zu den besten Freundinnen wird ein
Stück Frauengeschichte aktualisiert; indem man
miteinander Erfahrungen austauscht, wird auch
deutlich, daß das nicht einfach Einzelerfahrungen
sind. Dadurch wird der Selbstwert der einzelnen Frau
wiederhergestellt, und damit im Zusammenhang
kommen auch die »Kräfte« wiederum zurück, wie es
diese pensionierte geschiedene Frau ausdrückt.

Zwei Bedeutungskreise dieser Frauensolidarität
werden von den Frauen angesprochen: einmal der
mehr politisch-gesellschaftliche und damit zusam-
menhängend ein mehr persönlicher Aspekt: das gemeinsame Streben nach und auch das Erleben von
mehr Selbstbewußtsein als Frau.

Es geht aber nicht nur um ein Lamentieren, es geht
auch darum, Freuden des Frauenlebens miteinander
zu teilen:

»Mir ist auch wichtig, mich mit den Freundinnen über unser Frausein zu unterhalten, auch Frausein hier in der Gesellschaft. Es sind verschiedene Ebenen, einmal der Bereich: Frauendiskriminierung, wie geht man damit um, wie kann man sich dagegen wehren. Aber auch der andere Bereich, sich über das Frausein freuen und das auch betonen.« (35 J.)

Grundsätzlich wird immer wieder betont (68%), daß Frauen besser verstehen als Männer, einmal, weil diese ja nicht wissen können, was die Sozialisation als Frau bedeutet, und weil sie sich auch nicht in die Frauenrolle einfühlen können, dann aber auch, weil Frauen bei Frauen offener sein können, weil Frauen besser zuhören, interessiert sind an dem, was Frauen interessiert, weil Frauen empathischer sind, »besser wissen, wie Frauen fühlen«, weil es weniger kompliziert ist, sich mit ihnen zu verständigen. Weil sie sich über das gleiche freuen, über das gleiche grämen, weil sie sich eben »gefühlsmäßig näher stehen«.

Fast klingt das, als müßten diese Frauen eine Entschuldigung dafür finden, daß sie so viel Nähe mit anderen Frauen teilen, daß sie so viel an gegenseitigem Verständnis in der Beziehung zu anderen Frauen erleben, daß sie so viel Selbstverständnis und Selbstvergewisserung aus der Beziehung zu Frauen holen. Für die Frauen scheint es nicht selbstverständlich zu sein, daß sie ihre Auseinandersetzung mit der eigenen Identität im wesentlichen in der Frauenbeziehung führen.

»Bei Frauen ist eben die gemeinsame Erfahrung da, und wir sind viel direkter damit konfrontiert und haben auch eine Sprache dafür; da ist die Verständigung viel einfacher. Wenn ich genau mit der gleichen

Sprache, mit den gleichen Worten einem Mann was erkläre,... – meine Güte, die verstehen das einfach nicht.« (25].)

Einerseits geht es um Stärkung des Selbstwertgefühls durch die Identifikation mit Frauen, die auch unterwegs sind, um ihr Frausein in eigener Verantwortung zu definieren – wobei auch zu bedenken ist, daß diese Identifikation auch wieder zu einer abgeleiteten Identität führen kann, falls die Normen dieser Gruppen einfach übernommen werden. Es wird also sehr darauf ankommen, ob Auseinandersetzung stattfindet, ob Abgrenzungen auch vorgenommen werden und vorgenommen werden dürfen. Andererseits geht es – nimmt man unsere Interviews als Grundlage – um Anreiz zu Entwicklung. Bei diesem Thema wird auch konkret deutlich, was denn eigentlich der Anreiz zum Selbstsein durch die Freundinnen bei den einzelnen Frauen bewirkt:

Da wird etwa der Anreiz zur Entwicklung darin gesehen, daß beide gleiche Verhaltensmuster haben, die sie aneinander aufregen. Dadurch, daß sie miteinander sprechen, werden ihnen diese Verhaltensmuster auch bewußt.

Oder Frauen entdecken Persönlichkeitszüge an ihrer Freundin, die sie selber nicht haben, die aber faszinieren (28 %). Diese anderen, faszinierenden Persönlichkeitszüge fordern heraus, entweder können sie diese auch entwickeln, oder sie erleben sich als die andere, akzeptieren ihr Anderssein – auch das eine Entwicklung.

Das Weiterentwickeln wird einerseits durch das »Spiegeln« gesehen, in dem Sinne, daß die Freundin zurückspiegelt, wie sie die andere jetzt gerade erlebt, eigentlich ein therapeutischer Begriff und auch ein therapeutischer Vorgang, andererseits durch vielfache Anregung, durch das Teilen von Wissen etc.

Das Spiegeln kann wie folgt erlebt werden:

»... *Ich würde von mir sagen, daß ich lange Zeit auch mir und meinen Wahrnehmungen nicht getraut habe, und in diesem Prozeß haben Freundinnen für mich eine sehr wichtige Rolle gespielt, indem sie mir praktisch gespiegelt haben ›Mir geht das genauso, und ich kenne noch eine, die hat dasselbe durchgemacht...‹, und dann hat das einen anderen Charakter, als wenn ich das lese in einem feministischen Buch oder so... Und dann ist es halt auch, also oft kommt auch so etwas auf wie ein schwesterliches Gefühl... Was jetzt aber nicht bedeutet, daß ich mich mit allen Frauen verwandt fühle, nur weil es Frauen sind.«* (26 J.)

Bewußtwerden also dadurch, daß die andere Frau etwas noch einmal neu in Worte faßt und damit zu verstehen gibt, daß sie dieses Gefühl kennt und es teilen kann.

Die Anregung läuft über die Kommunikation, über den Austausch von Erfahrungen, und Frauen sind großzügig im Austauschen von Informationen[17].

Dann scheint die Entwicklung, das Wachsen aneinander, vor allem darin zu bestehen, daß die Frauen offen und ehrlich zu ihren Gefühlen stehen und diese auch formulieren. Das ist etwas, das immer wieder ausgedrückt wird (70%). Es ist also nicht so, daß fertige, großartige, phantasierte Bilder für die eigenen Identität gefunden werden, auch wenn Sätze fallen wie:

»Sie (die Freundin) ist mir wichtig, um eine weib-
liche Identität zu finden. Also in dem, was ähnlich
oder auch anders ist.« (29J.)

Außer dem Hinweis darauf, daß die Identitätsbildung über Nähe und Distanz vorangetrieben wird,
bleibt die Frage nach der speziell weiblichen Identität zunächst offen.

Deutlich wird bei den Interviews nur, daß das Erleben von sich selbst als Frau thematisiert wird, Erfahrungen miteinander verglichen, aber auch kriti-
siert werden, und daß das über das relativ offene
Mitteilen von Gefühlen geht. Und das ist wohl auch
richtig so.

Immer wieder suchen Frauen nach Frauenbildern,
die von Frauen erfunden sind und nicht von Männern. Möglicherweise ist dieses Bedürfnis nach den
»Frauenbildern« von Frauen, an denen sie sich dann
wieder orientieren könnten, geradezu eine Falle – es
sind wiederum »fertige« Bilder. Möglicherweise gehört es aber gerade zur weiblichen Identität, daß die
jeweiligen Gefühle ausgedrückt werden, die Betroffenheit, und daß die einzelne Frau dadurch zu sich
selbst kommt. Dabei geht es in keiner Weise um
»Gefühlsduselei«, wie entwertend in diesem Zusammenhang oft gesagt wird, es geht auch nicht
darum, die Frau auf ihr Gefühl zu reduzieren, es
geht darum, daß sie ihre Selbstwahrnehmung in der
jeweiligen Situation, sei dies eine freudvolle, sei es
eine leidvolle, in möglichst umfassender Weise ausdrücken und darstellen kann und sich damit ihre eigene Identität punktuell erschafft. Das geht mit
Mitteln des Gefühls, des Intellekts, aber auch durch
sinnenhafte Darstellung des Erlebens, etwa durch
Tanz etc.

Die Sehnsüchte der Frauen gehen aber dennoch über diese Selbstaktualisierung – ein wichtiger Aspekt des Selbstwertgefühls und der Identität – hinaus: auf ein Sehnsuchtsbild, wie sie als Frauen sein könnten, eine Vision des Frauseins.

»*Wenn ich so meine eigenen Träume und Wünsche als Frau verstärkt finde, wenn ich sie bei der Freundin auch finde, das wertet auf und stärkt…*« *(28 J.)*

Daß es nicht nur um Entwicklung durch Eigenschaften und Fähigkeiten geht, die die Freundin hat und die herausfordern, sondern daß es auch um Entwicklung von tieferen Aspekten der Weiblichkeit geht, ist immer dort spürbar, wo die Frauen davon sprechen, daß sie fasziniert sind von der Freundin – und auch Angst haben vor dieser Faszination.

Es ist verständlich, daß die Frauen im Rahmen von Interviews nicht weiter über diese Faszinationen gesprochen haben, teils aus Angst vor dem Sichtbarwerden von homoerotischen Wünschen, aber wahrscheinlich auch deshalb, weil sie spüren, daß hier sehr persönliche Phantasien angesprochen werden, Phantasien, die mit der eigenen Tiefe zu tun haben, mit der Anima-Qualität, die eine Freundin auch haben kann. Und gerade dann, wenn die Freundin Anima-Qualität vermittelt, ist sie erst recht eine Anregerin zur Weiterentwicklung, zur Selbstwerdung im Sinne des originären Selbst. In den Interviews wird eher die Alltagsebene beschrieben, die Ebene der Frauensolidarität, die es überhaupt ermöglicht, sich selbst als wertvoll, als eigenständig, unabhängig von den Männern zu erleben, und deshalb dann vielleicht fähiger zu Beziehungen zu ihnen: Frauen mit einem originären Selbst, die in einer Welt leben, in der Frauen immer noch idealisiert oder entwertet werden, und die entschlossen sind, aneinander zu wachsen, in einer Frauensolidarität zu stehen und sich ruhig und unbeirrbar ihren Wert selbst zuzusprechen und sich auch klar darüber zu werden, welche großen Werte in diesen Frauenbeziehungen stecken, die ja doch oft noch belächelt werden.

Es gibt aber noch eine tiefere Ebene, auf der die Freundin auch die faszinierende, unbekannte Fremde in unserer Psyche verkörpern kann – eine Form der Anima, die uns, überlassen wir uns den Phantasien, auch zu geheimnisvollen, faszinierenden und ängstigenden Seiten in unserer Psyche führt. Dieses Erleben kann uns erst recht das Gefühl geben, wirklich ein unverwechselbares Selbst zu haben, das auch immer neue, faszinierende und ängstigende Seiten an uns entbirgt, und uns möglicherweise auch zu den Frauenbildern führt, die wirklich uns selbst ausmachen. Einfach übernehmen können werden wir diese Anima-Bilder nicht, aber es lohnt, sich mit ihnen auseinanderzusetzen.

Warum es Frauen sein müssen

68% der Frauen betonen, daß sie sich mit Frauen leichter verständigen können, sich besser verstanden fühlen als von den Männern und intensivere Gespräche führen können, ohne um ihren Raum kämpfen zu müssen. Er kann manches vielleicht nachvollziehen, aber nicht nachfühlen...

Eine 26jährige Frau mit einer Liebesbeziehung zu einem Freund sagt:

»*Ich habe noch keinen Mann getroffen, der genauso oder sehr, sehr ähnlich empfindet wie ich. Da bleibt immer ein Unterschied. Gerade in Erfahrungen, auch mit Männern oder auch mit dieser Gesellschaft, oder auf den Ebenen, die dann ins ganz Persönliche hineingehen (...) das kann ich einem Mann auch erzählen, und der kann es vielleicht nachvollziehen, aber nie so nachfühlen wie eine Frau – nicht jede Frau, aber die Frauen, mit denen ich viel zu tun habe, und meine Freundinnen schon. Ich kann mich mit einer Frau, auch mit einer, wo ich nicht so eine intensive Freundschaft habe, ganz anders unterhalten, weil da meistens eine andere Offenheit oder ein anderes Erzählen und Zuhören ist (...). Also ich weiß jetzt nicht, wie ich das benennen soll (...), es ist auch eine andere Atmosphäre. Es ist mit Frauen schneller eine wärmere Atmosphäre.*«

Dieses Zitat vereint viele Aussagen, die Frauen zu diesem Thema gemacht haben.

Die Aussagen gehen einmal dahin, daß Männer nicht ähnlich empfinden wie Frauen, durch die Sozialisation nicht die gleichen Erfahrungen machen, daß unter Frauen aber auch das Gespräch offener ist und sich diese »wärmere Atmosphäre« einstellt, die für Frauen sehr wichtig zu sein scheint, um gerade diese gefühlvollen Gespräche führen zu können. Gefühlsmäßig nicht verstanden zu werden, allein gelassen werden, wird in vielfältiger Weise ausgedrückt. Eine 50jährige, verheiratete Frau sagt dazu:

»*Männer können ja viele Dinge überhaupt nicht so nachvollziehen. Das habe ich immer wieder festgestellt, gerade, was den Gefühlsbereich betrifft. Dem gehen die meisten Männer doch mehr aus dem Wege. Oder auch etwas richtig ausdiskutieren, über ein paar Stunden. Da haben Männer überhaupt keinen Nerv für. Ich denke, auch viele Sachen, die Frauen so empfinden, können die einfach nicht nachempfinden, dafür sind es eben Männer.*

Manchmal denke ich, da geht ihnen auch was ab. Auch was Liebesbeziehungen angeht, ich denke, daß Frauen da ganz anders empfinden oder auch reagieren. Ich glaube auch, so über die Gefühle zu reden, das tun Männer, glaub ich, auch nicht untereinander.«

Gehen die Männer nun den Fragen, die mit dem Gefühlsbereich zu tun haben, einfach aus dem Weg – oder haben sie diese Empfindungen gar nicht, wie diese Frau mutmaßt – »dafür sind es eben Männer« –, ein reichlich dunkler Satz, bedenkt man ihn richtig. Spricht sie einem Teil der Menschheit einfach den Zugang zum Gefühlsbereich ab? Und ist sie damit letztlich auch – zwar etwas resigniert – doch einverstanden? Ist es eben so?

Soweit es möglich ist, werde ich am Ende dieses Kapitels solche und ähnliche Fragen mit den Interviews, die mit den Männern aufgenommen worden sind, in Beziehung bringen, sozusagen den Blick aus der Männerperspektive auf diese Probleme werfen, soweit das bei der geringen Zahl von Interviews (20) möglich ist.

Erklärt die eine Frau, daß Männern Gefühlsbereiche eben nicht zugänglich sind – weil sie Männer sind –, so beschäftigen sich andere mit dem Thema der mangelnden Offenheit.

Eine 38jährige Frau, die gerade eine Freundschaft mit einem Mann hinter sich hat, sagt:

»Ich denke, Frauen können offener sein als Männer. Männer verstecken sich häufig zu sehr hinter sich selbst. Und wenn jemand zu sich selbst nicht offen ist, dann kann er auch zu anderen nicht offen sein und vielleicht die Offenheit eines anderen auch nicht so gut ertragen.«

In eine ähnliche Richtung zielt die folgende Aussage einer 31jährigen Frau mit einer Liebesbeziehung zu einem Mann:

»Ich glaube auch schon, daß Frauen an Gesprächen von vornherein ein anderes Interesse haben als Männer; vom Inhalt her und auch, daß ich immer das Gefühl hab, daß Frauen leichter reden können, daß Männer da irgendwie mehr Barrieren haben, oder Hemmnisse, oder so.«

Die Interessen der Frauen scheinen sich nicht mit denen der Männer zu decken. Das führt dann auch dazu, daß einige Frauen deutlich zum Ausdruck bringen, sie könnten ihren ideellen oder geistigen Hintergrund nicht mit ihrem Freund teilen.

Stellvertretend mag die folgende Aussage einer 29jährigen Frau mit einer Liebesbeziehung zu einem Mann stehen:

»Ich fühle mich da (bei meinen Freundinnen) mei-
stens besser verstanden. Einfach, weil ich mit mei-
nen Freundinnen mehr gemeinsamen Lebenshinter-
grund hab als mit meinem Freund. Bei ihm hab ich
oft das Gefühl, wir kommen aus verschiedenen Wel-
ten. Das ist nicht so, daß wir uns keine Mühe geben,
uns zu verstehen, nur es ist eben viel schwieriger...
Ich spreche schon auch bei meinem Freund alles an,
aber oft habe ich das Gefühl, er hat nicht mal eine
Ahnung von dem, was ich eigentlich erlebe, und um-
gekehrt ist das genauso. Ich brauche dann auch im-
mer lange, um überhaupt einen Zipfel davon zu ver-
stehen.«

Aus verschiedenen Welten kommen, Mühe haben,
diese Welten einander verständlich machen, obwohl
die beiden miteinander noch versuchen, sich ihre
Welten zu erklären – hier wird eine große Distanz,
ein Fremdsein, ein Gefühl von Anderssein deutlich,
das bei der besten Freundin gerade nicht vorhanden
ist: da sind dieselbe Welt, derselbe Hintergrund, die-
selben Gefühle.
   Eine 32jährige Frau, die mit ihrem Freund und gemeinsamen Kind zusammenlebt, erklärt die Frauen
als »Wesen von meinem Stern« und bezeichnet den
Mann als etwas »Fremdes«, der sich auch für andere
Dinge interessiert, eben mehr für Dinge als für Beziehungen wie sie selbst.
   Dieses Fremdsein wird aber nicht unbedingt als
Problem aufgefaßt. So sagt eine 29jährige verheiratete Frau:

»Mir waren Männer einfach immer fremder als
Frauen, eben potentielle Liebhaber, aber nicht für
eine vertraute, freundschaftliche Beziehung. Für

mich waren Freundinnen immer wichtig, sie waren mir seelisch auch näher als Männer.«

Andere Frauen sind in diesem Zusammenhang nicht ganz so abgeklärt, sie sehnen sich nach dem tiefen Verständnis, das sie mit Freundinnen haben, auch bei ihren Männern und Freunden.

So sagt eine 31jährige Frau, die zur Zeit des Interviews ohne Liebesbeziehung ist:

»...weil ich immer wieder überlege, und es nicht glauben will, daß Männer wirklich anders empfinden als Frauen; daß da wirklich ein grundsätzlicher Unterschied ist.

Ich sehne mich zwar immer danach, so ein Verständnis auch mit Männern zu haben und erlebe das auch, aber immer nur momentweise oder ansatzweise. Dauerhafte Verständnisbeziehungen kenne ich nur mit Frauen.«

Eine 36jährige Frau, die in einer Liebesbeziehung zu einem Mann steht, sagt:

»Also, ich kriege von Frauen eigentlich das, was ich mir von Männern oft wünsche, diese Intimität, dieses Verstehen, manchmal ohne Worte, ohne große Erklärung, das ist eben mit einem Mann schlecht möglich. Ich kenn nur ganz wenige, wo das ansatzweise möglich ist. Und gerade mit den beiden Frauen ist das toll.«

Intimität, ein Verstehen ohne Worte, das erinnert an Menschen, die sich in einer symbiotischen Phase befinden, gegenseitig ein »Wir-beide-Gefühl« aufbauen, ohne dieses zu benennen. Gerade das Sprechen, das viele Sprechen wäre dann sehr wichtig, damit jede Frau sich im Artikulieren wieder abgrenzen und in den Prozeß der Individuation eintreten kann. Nun weiß man in der Psychologie, daß die Prozesse von mehr symbiotischem Verbundensein und mehr Entwicklung zu Autonomie phasenhaft miteinander abwechseln, daß aber die notwendigen Autonomieschritte jeweils leichter gemacht werden, wenn das Erlebnis der Symbiose auch zugelassen wird. Dieser Sachverhalt würde mit den Äußerungen der Frauen übereinstimmen, daß sie in Frauenbeziehungen, in denen es atmosphärisch »wärmer« ist, besser sprechen können, sich besser ausdrücken können.

Natürlich stellt sich auch die Frage, ob denn hinter der Beziehung zur besten Freundin sich nicht doch eine Beziehung zur guten Mutter verbirgt, eine Möglichkeit, symbiotisches Erleben nachzuholen. Dem kann durchaus so sein, nur scheint es mir unzulässig, das als etwas Pathologisches anzusehen, wo es doch etwas allgemein Verbreitetes ist. Eher sehe ich darin eine Fähigkeit der Frauen, immer wieder auf befriedigende Beziehungserlebnisse, die auch symbiotischen Charakter haben, zurückgreifen zu können, um den Anforderungen des Alltags und ihrer Selbständigkeit besser gewachsen zu sein.

Diese enge Verbundenheit fehlt denn auch einigen Frauen in ihrer Liebesbeziehung zu einem Mann. So sagt eine 31jährige Frau, mit Liebesbeziehung zu einem Mann:

»Bei meinen Männerfreundschaften fehlt mir ein Stück weit so ein stilles Einverständnis (...), das bei Frauen eher da ist. Und das ist mir wichtig.«

Es fehlt weiter auch Verständnis: Nicht nur haben die Frauen das Gefühl, daß die Männer sie nicht verstehen, zum Teil auch nicht zuhören, wenn sie was sagen – was eher auf eine Entwertung der Frau hinweisen würde als primär auf die Unfähigkeit, das andere Geschlecht zu verstehen –, es fehlt auch das Erleben, daß Männer verständnisvoll sind. Die Gewalt und die Durchsetzung des Herrschaftsanspruches in der Geschlechterbeziehung wird in den Interviews nur selten angesprochen, im Verhältnis zur Problematik dieses Bereiches[18].

Sehr deutlich von einer 59jährigen, geschiedenen Frau, die in einer neuen Liebesbeziehung steht:

Ihr ist »unabdingbar« wichtig, daß die Freundinnen Frauen sind: »*Ich kenne nur sehr wenige gewaltfreie Männer.*« Dabei ist nicht deutlich, ob es um sexuelle Gewalt geht oder um die gewaltsamen Übergriffe von Menschen, die sich einen Herrschaftsanspruch zuschreiben.

Eine 25jährige Frau mit Liebesbeziehung zu einem Mann sagt zu diesem Thema:

»*Ich finde Männer ganz nett und kann mich über bestimmte Sachen auch gut mit ihnen unterhalten, aber ich habe meistens, also immer sofort ganz schnell das Gefühl, wenn ich nicht aufpasse, dann springen sie über meine Grenzen.*«

Eine andere Frau (26 J.) fühlt sich »abgeschreckt« durch die harte Ausdrucksweise der Männer, wiederum eine andere (35, getrennt, mit Kind) empfindet, daß in Männerbeziehungen oft entwertet wird:

»*Mir geht es auch so, daß ich meine Freundinnen häufig so als positive Verstärker empfinde, also daß ich durch sie auch Kraft kriege. Trotz Kritik werden die Sachen oft nicht so kleingemacht, wie ich das aus Männerbeziehungen kenne.«*

Zusammengefaßt wird das Problem von einer verheirateten 47jährigen Frau:

»Von der Empathie her geht es halt mit einer Frau schneller, es ist nicht so viel Vorarbeit zu leisten, so viel verbales Bemühen, erst einmal da hinzukommen zu dem anderen, das geht mit der Freundin ›zack‹, dann sind wir auf derselben Wellenlänge… Es ist halt was Schwesterliches, und beim Mann ist es halt immer – also ich polarisiere es jetzt mal so, weil ich eben auch in einer festen Beziehung lebe –, beim Mann ist es immer der andere, der halt da auch aus der männlichen Sichtweise eher was Entgegengesetztes bringt, also eine andere Sichtweise – was mir auch wichtig ist, aber bei den Frauen ist es eben dieses, ja wir haben einfach andere Grundlagen. Es ist so, wie ich es mit dem Begriff ›schwesterlich‹ ausgedrückt habe, so als ob wir aus demselben Stall kämen, also die gleiche Sozialisation hätten. Wir haben ja auch die gleichen Defiziterfahrungen.«

Diese Aussage macht nachdenklich. Gewiß bringt die gleiche Sozialisation, die gleiche Defiziterfahrung viel Gemeinsamkeit, auch Anlaß zu gemeinsamer Wut, zu gemeinsamer Anstrengung zur Bewußtwerdung und zur Veränderung, dennoch ist es nicht möglich, dieses Phänomen, daß Frauen so sehr viel mehr Nähe zulassen können, nur aus der Sozialisation zu erklären, oder aber auch die Distanz zum Mann durch die verschiedene Sozialisation. Auch klingt der Satz an: Der Mann ist einfach das Gegenteil von der Frau; ein Satz, den wir in der Psychologie, und besonders in der Tiefenpsychologie, energisch verwerfen. Es geht darum, die Psychologie und die Entwicklungswege von Frauen und Männern gesondert zu beschreiben, die beiden Geschlechter in ihren Stärken und ihren Schwächen zu sehen – aber ich meine auch, daß durchaus jedes Geschlecht auch Seiten an sich selbst entwickeln könnte, die noch im dunkeln liegen.

Entwicklungspsychologisches

In diesem Zusammenhang drängen sich entwicklungspsychologische Überlegungen auf. Das kleine Mädchen wird, wenn es sich mit seiner Geschlechtsidentität auseinandersetzt, feststellen, daß es zum gleichen Geschlecht gehört wie die Mutter. Es kann sich mit der Mutter identifizieren[19] und erlebt also ein Gefühl der Identität aus der Identifikation mit der Mutter. Je nachdem, wie die Mutter und weitere weibliche Pflegepersonen erlebt worden sind, ist Frausein primär in Ordnung, attraktiv, gut, oder eben problematisch. So weiß man zum Beispiel, daß Mütter und weibliche Pflegepersonen, die gerne Frauen sind, sich erotischer mit dem Körper ihres kleinen Mädchens beschäftigen als Frauen, die Männer primär für wichtiger halten, letztere beschäftigen sich länger mit ihren Söhnen und stimulieren bei ihnen das Körperselbst und die Genitalzone mehr als bei Mädchen[20].

Erste Liebesperson im Leben eines Mädchens ist die Mutter, und Intimität bringt für das Mädchen keinen Identitätsverlust, sondern einen Identitätsgewinn. Das gilt nicht nur für das kleine Mädchen, das gilt auch für die erwachsene Frau. Es gibt, auch wenn man sich Männern zuwendet, keinen Grund, diese erste Liebesperson zu verlassen, also nicht zusätzlich sehr befriedigende, emotionale Beziehungen zu Frauen zu haben.

Bindung und Identitätsbildung verschmelzen bei der Frau miteinander. Das bewirkt, daß in diesem früheren Selbstbild die Basis für Empathie gelegt wird. Das Mädchen kann Bedürfnisse und Gefühle eines anderen Menschen wie die eigenen empfinden. Das heißt nun keineswegs, daß die Ichgrenzen eines Mädchens schwächer wären als die eines Knaben, vielleicht aber elastischer. Da Bindung und Identität zueinander gehören, einander gegenseitig begründen, werden vom Mädchen und später auch von den Frauen Beziehungsmuster des Verschmelzens, Sehnsüchte nach Verschmelzen offen zugegeben. Sie müssen nicht verleugnet werden. Damit sind aber Wege zu Freude, Inspiration, Rausch und Ekstase für Frauen offener.

Die Schwierigkeit des Entwicklungsprozesses für ein Mädchen besteht darin, daß sich sein Ichkomplex aus dem Mutterkomplex ablösen muß, ohne daß es sich als »ganz anders« als die Mutter, wie es für den Knaben möglich ist, definieren könnte.

Die Auseinandersetzung der Mädchen und Frauen mit der Mutter muß deshalb sehr achtsam erfolgen, besonders auch das Auseinanderhalten von persönlichen und archetypischen Mutteranteilen im späteren Leben. Aus dieser schwierigen Abgrenzung von Ichkomplex und Mutterkomplex, die auch immer wieder zur Regression einlädt, entsteht unter anderem auch die Gefahr einer Bindung an den Vaterkomplex oder einer Animus-Identifikation, verbunden mit einer abgeleiteten Identität, diese verstanden als Abgrenzung zum Mutterkomplex hin, eine totale Abgrenzung, wie sie die männlich geprägte Psychologie immer wieder forderte und die für die Frau nicht erstrebenswert ist. Abgrenzung ist aber immer wieder wichtig, weil die Frau sonst leicht im Bereich des vom Mutterraum Geprägten bleibt und so auch nicht zu einer eigenen originären Identität findet. Sie hat dann nicht eine abgeleitete Identität, sondern eine unterentwickelte.

Die Entwicklung des männlichen Kindes zur Identität verläuft indessen über die Abgrenzung von der Mutter: Er ist ganz anders als die Mutter, hat an ihr aber Anteil, indem er sie liebt. Das Erleben von Identität ist also viel eher mit Trennung, mit Unterscheidung verbunden als mit Identifikation. So ist auch primär weniger eine Basis für Empathie vorhanden, obwohl natürlich auch das männliche Kind immer einmal in symbiotischer Verbindung mit der Mutter und später auch mit dem Vater steht[21]. – Einen entwicklungspsychologischen Grund, so wenig empathisch zu sein, gibt es nicht für die Männer.

Diese entwicklungspsychologischen Überlegungen könnten erklären, warum, außer in der direkten sexuellen Begegnung, die Männer sich eher distanziert benehmen, die Frauen eigentlich weitergehende Verschmelzungserlebnisse suchen, wobei sich einige Frauen damit abgefunden zu haben scheinen, daß sie da etwas von den Männern wollen, das diese nicht bringen können, wie Benard und Schlaffer das in ihrem letzten Buch beschrieben haben:

»Untersuchen wir also die Hypothese, daß die emotionale Unzulänglichkeit und Verschlossenheit der

*Männer weder ein Erziehungsunfall noch ein Miß-
verständnis ist, sondern ein kollektiver Vorteil, den
sie sich sorgfältig bewahren.«*[22]

Ihre Hypothese lautet, daß die Männer mit Schwei-
gen, mit Kälte, mit fehlender Ermutigung die Frauen
»mürbe« machen würden, so daß »das winzigste bißchen Nettigkeit mit begeisterter Dankbarkeit quit-
tiert« wird.

Eine Satire, die zum Nachdenken anregt. Knaben
sind vor der Adoleszenz in der Regel empathisch, bezogen, aufmerksam, emotional zugewandt. Mit der
Entwicklungspsychologie allein kann die spätere
Gefühlsverschlossenheit nicht erklärt werden – und
ob sie einfach akzeptiert werden soll, ist auch eine
Frage. Benard und Schlaffer empfehlen, angesichts
eines Kartells, das einen erpressen kann, sich unabhängig davon zu machen, sich also andere Energie-
quellen zu suchen.

Das ist die eine Möglichkeit, die andere – zusätzliche – wäre, den Männern klarzumachen, was sie alles verpassen, wenn sie die ganze emotionale Arbeit
und Befriedigung den Frauen überlassen.

Immerhin: Von Anima-Entwicklung – und dies bis
vor etwa zehn Jahren nur bei den Männern – wurde in
höchsten Tönen gesprochen. Ob sich da schon viel
verändert hat?

Das Selbstbild der Frauen

In ihren Äußerungen, warum sich Frauen von Frauen besser verstanden fühlen als von Männern, entwerfen Frauen unbeabsichtigt ein Selbstbild, ein idealisiertes Selbstbild natürlich. Wichtig aber ist zu bedenken, daß diese weiblichen Qualitäten vor allem in der Beziehung zur besten Freundin zum Tragen kommen, oder zu den besten Freundinnen, nicht einfach im Verhältnis der Frauen untereinander ganz allgemein. Das bedeutet nun natürlich nicht, daß es diese Qualitäten nicht gäbe, daß sie nicht immer wieder erlebt würden. Es wäre aber meines Erachtens falsch, würde man darüber die Schattenseite, die immer die Kehrseite eines Ideals ist, außer acht lassen, und würde man diese Qualitäten auf weibliche Beziehungen ganz allgemein übertragen, ohne dabei an die besondere Qualität der Beziehung zu denken.

Wie sieht nun dieses Selbstbild aus?

Frauen können sich leicht verständigen miteinander und sind auch verständnisvoll, verständnisbereit. Sie sind fähig zu tiefem, intensivem, intimem Kontakt, empfinden ähnlich, sind empathisch, verstehen gelegentlich einander auch ohne Worte und geben einander Raum, sie respektieren Grenzen – sie sind gewaltlos. Sie haben ein Interesse für Persönliches, vor allem auch für Freuden und Leiden von Beziehungen, sie sind offen, verdrängen weniger, hören auf sich selbst und hören auch den Freundinnen zu. Zugewandt gelingt es ihnen, eine warme Atmosphäre der Ermutigung und der Akzeptanz zu schaffen. Es fällt ihnen leicht, sind sie unter sich, sich auszudrükken, und sie tun das auch, diskutieren Dinge wirklich aus.

Und es bleibt die Frage: Wo ist der Schatten? Wird er etwa auf die Nicht-Freundinnen projiziert?

Aber zunächst: Wie sehen die Männer diese Beziehungen zur besten Freundin?

Das Selbstbild der Freundinnen in den Augen der Männer

Die Männer wurden gefragt, ob ihre Partnerinnen eine oder mehrere beste Freundinnen haben, wann sie den letzten Kontakt mit ihnen gepflegt hätten, wie lange die Freundschaft ihrer Ansicht nach schon dauere, wie sie zu diesen Freundinnen stehen, welche Lebensbereiche die Frauen miteinander teilen, und ob es gelegentlich vorkommen könne, daß sie neidisch seien auf die Freundschaft, und wenn, unter welchen Umständen dieser Neid aufträte.

Die Männer geben sich in diesen Interviews zum Teil sehr abwehrend. Dennoch wird einiges vom Selbstbild der nahen Freundinnen andeutungsweise bestätigt. Um eine wirkliche Bestätigung zu haben, müßten mehr Interviews gemacht werden. Übereinstimmend (16 von 20 Männer) wird ausgesagt, daß die Frauen vor allem über die Gestaltung des Alltags und über die Beziehungen sprechen würden, vor allem wohl über die Beziehungen zu ihnen, den Männern. Wichtig wäre den Frauen wohl, daß sie reden könnten, ohne daß sie viel erklären müßten.

Ein 33jähriger Mann sagt, es sei schwer, die Lebensbereiche aufzuzählen, die Freundinnen miteinander teilten:

»weil sie eigentlich über alles reden, was ihnen gerade wichtig ist... Es sind keine oberflächlichen Beziehungen. Sie führen halt wirkliche Auseinandersetzungen, auch über existentielle Fragen. Wo auch überlegt wird, wie sie sich gegenseitig helfen können, wie sie weiterkommen können; wo sie auch sehr ehrlich miteinander sein können...«

Dieser Mann bestätigt die Tiefe der Beziehungen, wie sie im Selbstbild der Freundinnen immer wieder zum Ausdruck kommt, betont auch das Bedürfnis der Frauen, einander zu helfen im Alltag, aber auch »weiterzukommen«, auch die Ehrlichkeit wird hier angesprochen – als Möglichkeit, nicht als absolutes Faktum. Für diesen Mann ist es keine Frage, daß die Beziehung der Partnerin zur besten Freundin eine existentiell ganz wichtige Beziehung ist.

Daß Frauen einander gut verstehen, wird oft ausgedrückt. So sagt ein 36jähriger Mann:

»Ich denke im allgemeinen, daß Frauen unter sich sich besser miteinander unterhalten können als Männer unter sich. Meine ›besten Freunde‹ hatte ich eher unter Frauen als unter Männern. Daher glaube ich, daß Gespräche besser laufen mit Frauen, sei es nun von Frau zu Frau oder auch von Mann zu Frau. Bei Männern ist auch häufig das Verständnis von sich selbst schwach, im allgemeinen. Da sind Männer oft zu unbedarft.«

Zu dieser Aussage passen die Forschungsergebnisse, die Belle[23] zitiert: Sie haben nachgewiesen, daß Männer auf einen Menschen bezogen sind, der ihnen die ganze emotionale Unterstützung gibt, die Ehefrau. Ehefrauen bezeichneten mehr als doppelt so oft wie Männer eine Freundin als die Person, die ihnen die emotionale Unterstützung gibt, und erleben doppelt so oft wie Männer Verwandte und Kinder als emotional unterstützend. Auch Veroff, Douvan und Kulka[24] fanden heraus, daß verheiratete Männer in Streßzeiten sich nur auf ihre Ehefrauen stützen. Sogar nach der Scheidung gaben die Männer an, die hilfreichste Person in ihrem Leben sei die Ehefrau. Und Ehemänner vertrauen nach verschiedenen Studien weit ausschließlicher ihren Ehefrauen als diese ihren Ehemännern. Diese Tatsache könnte auch erklären, warum die Sterblichkeitsrate unter Witwern höher ist als die unter Witwen. Während die Ehe für den Mann einen größeren emotionalen Schutz bietet, erhalten die Frauen diesen Schutz nicht vom Ehemann, sondern von Freundinnen und Verwandten. Dabei ist es nicht so, daß die Ehemänner über ihren Kummer reden würden, aber durch ihr verändertes Verhalten, durch ihre Launen usw. fordern sie die Frauen dazu heraus, nachzufragen, was sie bewegt, welche Probleme sie haben, und die Frauen lassen sich dazu herausfordern.

Das hieße also, daß hier eine weitere Asymmetrie zwischen den Geschlechtern sichtbar wird: Der Mann fühlt sich offenbar von der Frau viel besser verstanden als die Frau vom Mann. Wenn sie die gleiche Aufmerksamkeit und Empathie dem Gespräch mit ihrem Partner widmet, die sie in der Beziehung zur besten Freundin kultiviert hat, ist das auch einleuchtend. Mit ihrer Sehnsucht nach nahen Beziehungen wird sie immer wieder in die Situation kommen, wenn schon kein gegenseitiges verständnisvolles Gespräch herzustellen ist, zumindest ihm zuzuhören, sich in ihn einzufühlen.

Belle schließt daraus, daß in einer Beziehung zwischen einem Mann und einer Frau die Frau eine emotionale »Versorgungslücke« erlebt, die sich fatal auswirken kann, wenn sie von ihrem Partner weniger emotionale Unterstützung erhält, als sie ihm gibt, also der Strom der Unterstützungsfürsorge in einem hohen Grade ungleich ist und die Frau zudem sehr involviert ist in Unterstützungsaufgaben bei Kindern, Freundinnen und Verwandten, selber aber wenig an Unterstützung zurückbekommt. Sie kann dann demoralisiert oder depressiv werden[25].

Wieder sind wir konfrontiert mit der fehlenden emotionalen Unterstützung durch die Männer.

In dem Zitat Seite 98 steckt auch eine Vermutung für einen Grund dafür, die auch von anderen Frauen geäußert wird: Männer sind im Verhältnis zu sich selbst schwach, sie verstehen sich selber schlecht, geben sich vielleicht auch wenig Mühe, sich selbst zu verstehen. Diese Aussage könnte sowohl dahin zielen, daß Männer zu unbewußt sind, was sie selber als Persönlichkeiten angeht, es könnte auch heißen – und das steht mit der ersten Aussage in einem Zusammenhang –, daß sie zu wenig offen sind und sich wirklich, wie eine Frau anmerkte, hinter sich selbst verstecken – und das hieße dann wohl ihre Rollenidentität als Mann kultivieren – und diese Rolle ist ja immer noch attraktiv für die Männer, ist eine a priori wertvolle Rolle –, statt sich mit der eigenen Identität abzumühen.

Auch wird von Männern bestätigt, daß Frauen gerne länger über Probleme sprechen als Männer (4 Aussagen).

Stellvertretend dafür die Aussage eines 37jährigen Mannes:

»Ich glaube, daß Frauen über Probleme viel lieber reden als Männer; also wesentlich länger darüber reden können als Männer. Daß es bei uns oder bei mir schneller so einen Punkt gibt, wo ich irgendwie denke, jetzt haben wir genug darüber geredet, und da kann man wahrscheinlich bei Freundinnen ausführlicher darüber reden, und vor allem ist da nicht so die Betroffenheit da. Du kannst ja oft leichter mit einem Dritten über ein Problem reden als mit dem Betroffenen. Das glaube ich eben, daß Frauen insgesamt lieber über gerade auch Beziehungsprobleme reden als Männer. Daß dazu halt auch die guten Freundinnen da sind... Da sind so ähnliche Erfahrungswerte da und eine Verständigung eher möglich. Ich glaube, daß Frauen hartnäckiger sind, daß sie mehr Wert legen, gerade auch im emotionalen Bereich, auf Übereinstimmung in der Beziehung. Ich denke, daß ein Mann eher so eine Diskrepanz stehen lassen kann als eine Frau. Ich hab oft das Gefühl gehabt, da muß so lange was bearbeitet werden, bis man da auf einen Nenner gekommen ist. Männer können eher sagen ›gut, da gehen wir halt unterschiedlich mit um‹, und dann ist es auch gut so. Ich glaube, gerade bei Frauen hat die Auseinandersetzung mit Gefühlen einen größeren Stellenwert.«

In dieser Aussage wird einiges bestätigt, was die Frauen im Selbstbild von sich sagen: Frauen sprechen gerne lange über Probleme, bis sie sich emotional wieder gefunden haben, sie sprechen vor allem über Beziehungen, wobei dieser Mann sich vorstellt – und da ist er, nach unseren Interviews zu schließen, in guter Gesellschaft –, daß die Freundinnen vor allem über die Beziehung zum Partner sprechen. Das tun sie besonders dann, wenn diese Partnerschaft gerade viele Probleme aufwirft. Die Frauen sprechen aber auch über ihre gegenseitige Beziehung, über Beziehungen zu den Kindern, über Beziehungen ganz allgemein.

Es ist natürlich richtig, daß es leichter ist, mit einem Menschen über einen Konflikt zu sprechen, der oder die davon nicht betroffen ist. Frauen scheinen aber gerade so lange über Beziehungen zu sprechen, weil sie davon betroffen sind und sich auch davon betreffen lassen.

Interessant finde ich die letzte Bemerkung, daß die Auseinandersetzung mit den Gefühlen für die Frauen einen größeren Stellenwert hat als für die Männer – wiederum eine Aussage, die das Selbstbild der Frauen bestätigt – und hier nun auch die Gegenposition: Männer können besser Unvereinbares stehen lassen, sie können sich also besser abgrenzen, und gerade hier ist einer der Knackpunkte in der Beziehung zu ihren Partnerinnen. Möglicherweise scheuen sie die Auseinandersetzung.

Auf die Frage, was es denn sein könne, was die Frauen verbindet, sagt ein 37jähriger Mann:

»Das kann ich ganz schwer beschreiben, ich spüre, daß es unheimlich wichtig ist für sie… Ich merke nur, daß sie sich unheimlich gut verstehen, ja, daß sie sich auch sehr wichtig sind. Es ist auch eine Körperlichkeit, die ausgetauscht wird, also es ist nicht nur ein verbales, sondern auch ein zärtliches Verhältnis, ein körperliches, was sicherlich auch seine Grenzen hat…

Aber es ist eher irgendwie so, daß ich das gut finde, daß sie diese Beziehungen hat. Also mich würde es eher bedrohen, oder es würde mich eher überladen, wenn sie all diese Beziehungen nicht hätte und das, was sie in diesen Beziehungen lebt oder haben kann, als Erwartung zusätzlich noch an mich hätte. Das wäre mir eher zuviel…

Wenn ich eifersüchtig bin, dann insofern, daß ich manchmal denke, doch doch, da gibt es einen Punkt von Eifersucht, ich finde es ganz schön toll, was Gisela an intensiven Beziehungen außer mir noch hat. Weil ich die in dem Maße oder in der Intensität nicht zu anderen Freunden habe. Und das beneide ich manchmal so ein bißchen. Ja, und irgendwie gibt es schon so einen Wunsch danach, aber (…) ich bin oft derjenige, der auf Beziehungsangebote gar nicht so sehr eingeht, weil ich auch meine Zeit für mich brauche, und irgendwie ist es auch genug.«

Sehr deutlich kommt die Intensität der Frauenfreundschaft hier zum Ausdruck mit der Bemerkung, daß es nicht nur ein verbales, sondern auch ein zärtliches Verhältnis ist, das die Frauen zueinander haben. Dieser Intensität gegenüber ist dieser Mann ambivalent, einerseits beneidet er die Frauen um diese Intensität und Nähe, andererseits bringt er deutlich zum Ausdruck, daß er froh ist, daß die Frauenbeziehung so viele Beziehungswünsche abdeckt.

Über den Neid, den zugegebenen – über den verdrängten läßt sich nichts sagen, außer daß er in einigen Formulierungen sehr deutlich zu spüren ist –, werden noch weitere Aspekte, wie Männer die Beziehungen ihrer Partnerinnen zu den besten Freundinnen sehen, greifbar.

So neidet ein 29jähriger Mann die »nahe Beziehung« der beiden:

»Ich hatte früher auch Beziehungen zu Männern, die
so ähnlich eng waren, wie ich sie bei den Frauen erlebe, aber im Moment habe ich so das Gefühl, daß
mir das verlorengegangen ist. Da ist schon noch ein
Kontakt da, der ist aber wesentlich unverbind-
licher...«

Und die Aussage eines 33jährigen Mannes:

»Mein Neid ist da eher so ein allgemeiner, wo ich
also Frauen darum beneide, wie sie miteinander
umgehen können, und wo ich schon den Eindruck
hab, daß sie wesentlich natürlicher miteinander
umgehen als Männer.«

Was er wohl mit »natürlichem Umgang« meint? Dieses offene Aufeinanderzugehen, das gefühlvollere
Aufeinanderzugehen, das vertrauensvollere? Natürlicher, das hieße zumindest, daß Männer »künst-
licher« miteinander umgehen. Die Frauen scheinen
mit ihren Vermutungen, daß Männer nicht so nahe
Beziehungen haben und daß sie sich mit den Gefühlen schwertun beziehungsweise daß sie sich für Gefühle und Beziehungen weniger interessieren, recht
zu haben. Allerdings gilt das nach meiner Erfahrung
nur so lange, wie sie sich ihrer Beziehung sicher oder
davon überzeugt sind, daß sie sie schon wieder »hin-
kriegen« können.
　Ein 41jähriger Mann ist eifersüchtig darauf, daß
sich seine Partnerin spürbar auf diese »einfach gute
Beziehung« konzentriert:

»Wenn sie so etwas unternehmen, dann kann es gut
sein, daß ich mich allein gelassen fühle und eifersüchtig bin. Auch die Art, wie sie sich verständigen.

(...) Die tauschen einfach mehr aus miteinander, es ist selbstverständlicher, daß sie sich sehen, ... ja, ich würde mir die Beziehungen schon gerne näher wünschen.«

Der Neid bezieht sich auf diese selbstverständliche Nähe, auf das Austauschen miteinander. Ein 31jähriger Mann ist neidisch darauf, daß seine Partnerin in Konfliktsituationen eine Frau findet, die sich mit ihren Problemen identifiziert, also sozusagen einen Menschen, der sie in ihrer Situation auch stärkt. Seine Sehnsucht ist, »eine Identifikation von der Männerseite aus« zu finden.

Das Thema der Eifersucht wird immer wieder gestreift. Die Männer sind dann eifersüchtig, wenn sie »außen vor« bleiben, wenn ihre Beziehung zur Partnerin etwas kriselt und diese sich mit der Freundin deutlich besser versteht als mit ihrem Partner. Übereinstimmend sagen die Männer aber auch, daß sie, wenn alles stimmt, nicht eifersüchtig sind, allerdings gelegentlich traurig, daß ein anderer Mensch ihren Partnerinnen in gewissen Situationen mehr geben kann als sie selbst, ihnen näher ist.

Ein Mann, der 37jährige, den ich oben mit der Aussage zitiert habe, daß er froh sei, daß die intensive Beziehung zu den Freundinnen bestehe, setzt sich mit dieser Frage der Eifersucht oder auch der Konkurrenz zwischen der Liebesbeziehung zum Partner und der Beziehung zur Freundin eingehend auseinander:

»Und ich würde überhaupt nicht sagen, daß ich in Giselas Leben an erster Stelle komme, und dann kommt lange nichts, und dann kommen die anderen Freundinnen. Das würde ich überhaupt nicht sagen.

*Die Beziehung zu mir ist sicher sehr wichtig, aber
die Beziehungen zu den Frauen sind auf einer anderen Ebene genauso wichtig, vielleicht auch wichtiger (...), weiß ich nicht. Das sind einfach andere Ebenen, aber sie haben überhaupt keine nachrangige
Bedeutung.«*

Auf die Frage, ob diese Gleichwertigkeit für ihn in
Ordnung sei, antwortet er:

*»Ja, es bedroht mich nicht in meiner Ebene, die ich
zu Gisela habe. Also auf der Ebene ist es keine Konkurrenz. Also ich denke, ich bin schon wichtig genug.«*

Das wäre die Lösung, um mit diesem Problem umzugehen: Die Beziehung zur besten Freundin wird hier
gesehen als eine eigenständige Beziehung, nicht in
Konkurrenz zur Beziehung zum Partner, sondern als
eine Beziehung, die ihren Wert und ihre Funktion in
sich selbst hat. Um eine solche Aussage machen zu
können, muß man(n) aber ein gutes Selbstwertgefühl
haben und auch nicht unbedingt die Forderung
vertreten, immer an erster Stelle zu stehen. Wer die
Beziehung zur Partnerin braucht, um sich seinen
Selbstwert zu bestätigen, wird die Beziehung zur
Freundin als Bedrohung empfinden, wie es in den
Interviews mit den Männern an einigen Stellen zu
spüren war. Entweder werden dann die Beziehungen
der Partnerinnen zu den Freundinnen abgewertet,
oder aber die Männer lösen den Konflikt so, daß sie
die besten Freundinnen der Frauen auch als ihre
besten Freundinnen bezeichnen. Das mag hie und
da schon so sein, dennoch gewann ich den Eindruck,
daß das Ängstigende hier mit schnellem Zugriff zu

etwas Vertrautem umgewandelt wurde, und auch, daß da Übergriffe stattfinden, zumindest in der Phantasie. Das heißt aber, daß die Männer sich durch die Beziehungen zu den besten Freundinnen doch sehr bedroht fühlen. Das wird dann wiederum unter dem Thema Konflikte in den Beziehungen zu den Freundinnen, Eifersucht und Neid auf Seiten der Frau abgehandelt. Die meisten Konflikte, dies hier vorweggenommen, gibt es zwischen den Freundinnen, wenn die Partner eifersüchtig sind, wenn Freundin und Partner sich nicht verstehen, nicht akzeptieren.

Hier öffnet sich eine Kluft, und wenn die amerikanischen Forschungen immer noch gelten, die besagen, daß die Männer einen so hohen Anteil an emotionaler Unterstützung von ihren Frauen haben wollen, ohne offenbar in der Lage oder willens zu sein, einen ähnlichen Beitrag zu leisten, dann muß eine große Angst vorhanden sein, diese emotionale Unterstützung zu verlieren – besonders dann, wenn sie nicht mehr a priori wertvoller sind als Frauen, einfach weil sie Männer sind, wenn die Frauen sich also auf ihre eigene Identität besinnen.

Dieses Thema dringt durchaus ins Bewußtsein der Männer: So heißt es in einem Artikel unter dem Titel »Intime Frauengespräche: Leidtragende sind eifersüchtige Männer« von Roland Mischke:

»Frauenfreundschaften sind für Männer etwas Unergründliches, fast Mystisches. Mit einer Mischung aus Neid, nicht dabei sein zu dürfen, Erleichterung, nicht dabei sein zu müssen, und Ärger über die problemlos funktionierende Verschwisterung und die innige Vertrautheit, höre ich das Raunen von nebenan... Einmal habe ich mich mit der Gefährtin

107

darüber gestritten. Ihre Erklärungen gipfelten in dem Vorwurf, ich sei eifersüchtig. Die Zusammenfassung ihrer Argumente: Frauen pflegen im Umgang miteinander eine Intimsphäre besonderer Art, die Männern unvertraut ist. Wenige Worte genügen ihnen, einander zu verstehen, manchmal reicht bereits ein Signalcode, ein Blick, ein Augenaufschlag. Frauen sind schneller bereit zum körperlichen Kontakt, kommen sich rasch näher, fassen sich an, nehmen sich in den Arm. Und zuletzt verkündet mir noch die Gefährtin im Brustton der Überzeugung, daß Frauen über Probleme wirklich sprechen, während Männer sie eher fernhalten oder vor lauter Umwegen nicht zum Ziel kommen. Männer, sagte sie, beschäftigen lieber Anwälte, die mit den Sorgen anderer ihr Geschäft machen. Dabei gäbe es doch auch in jedem Mann die Sehnsucht nach Nähe, Sich-Anvertrauen…

Nachmachen geht nicht. Ich kann mich meinen Freunden mit meinen Ängsten, Schwächen, Freuden und Verrücktheiten nur so präsentieren, wie sie es akzeptieren; es gibt da Grenzen zur Persönlichkeit, die nicht überschritten werden sollen. Bei der Gefährtin und Tizia sind diese Grenzen viel weiter gesteckt. Es gibt mehr Platz für verbale Intimitäten. Ein Ratschlag gilt nicht gleich als Bevormundung, ein Eingeständnis nicht als Schuldbekenntnis, und die Rivalität, die mitschwingt, wird durch Neugier kompensiert. Wirklich beneidenswert, diese Freundschaftsbande. Natürlich bin ich tolerant… Natürlich bin ich eifersüchtig. Und wie!« [26]

Das Thema wird also angesprochen, ausgesprochen – es wird nicht leicht zu lösen sein, denn wenn die Frauen ihre Freundinnen nicht hätten, dann könnte es sein, daß sie noch depressiver würden, als sie es schon sind und werden – oder würden vielleicht die Männer etwas dazulernen?

Dann müßten sie aber wohl zuerst lernen, sich unter Männern auch einiges zuzumuten, Grenzen zu überschreiten, beharrlich und einfühlsam, denn solange sie nur präsentieren, was die anderen Männer akzeptieren, ändert sich gar nichts…

Die Abgrenzung
von der Freundin

In Beziehungen, in denen soviel Nähe möglich ist, soviel Erleben auch an Identifikation, muß Abgrenzung ein Thema sein, gehört es doch ganz wesentlich zu unserer Identität, daß wir Grenzen haben und selbst Grenzen setzen, weil wir uns von anderen unterscheiden und uns weder grenzenlos für sie einsetzen noch verausgaben können. Wir müssen uns auch in unserer Begrenztheit einrichten.

Grenzen haben

In der Regel vermittelt uns unser Körpergefühl, daß wir eigenständige Wesen sind, eine eigene Haut haben, in der wir uns auch entsprechend wohl fühlen, die aber niemals die Haut eines anderen Menschen sein kann, außer vielleicht in den intensivsten sexuellen Erlebnissen, bei denen vorübergehend die Unterscheidung von deiner Haut und meiner Haut aufgehoben ist. Das heißt aber auch, daß die natürliche Abgrenzung, die uns gegeben ist, auch überschritten werden kann, daß wir »ganz aufgehen« können in einem anderen Menschen. Und dennoch werden wir uns auch immer wieder auf uns selbst zurückbesinnen müssen. Ich – mit meinem Körper, meiner Befindlichkeit, meinen Stimmungen, Gedanken etc., kann zwar mit anderen Menschen teilen, und andere Menschen haben auch einen nicht unbeträchtlichen Einfluß darauf, aber letztlich muß ich allein damit leben. Das abgegrenzte Ich weiß sich zu unterscheiden von den Ichs der anderen Menschen und kann deshalb auch von einem Du sprechen.

Dieses Sich-Abgrenzen bedeutet nicht selten, die eigene Befindlichkeit wahrzunehmen und auszudrücken – im Gegensatz zur Befindlichkeit eines Du. Ich kann mich ängstigen, während ein anderer Mensch mir weismachen will, es gebe keinen Anlaß zur Angst. Es wäre verführerisch, die eigene Wahrnehmung zu opfern, in die Angstlosigkeit des Du miteinzuschwingen, denn das würde nur vorübergehend Erleichterung bringen, solange nämlich dieses Du aktiv in der Beziehung ist – und es hieße auch, daß ich mich nicht ernst genommen, einen Teil der eigenen Identität preisgegeben hätte.

Grenzen haben heißt auch, sich in einen Gegensatz stellen zu können, zu anderen Menschen, zu Einflüssen aus der Herkunftsfamilie (Elternkomplexe), sich auch in einen Gegensatz stellen zu können zu einem Angsttraum etwa oder zu einer heiligen Überzeugung, zwar wissend, daß dieser Angsttraum und diese heilige Überzeugung zu mir gehören, daß ich mich aber auch als beobachtendes Gegenüber und möglicherweise eingreifendes Gegenüber sehen kann. Das ist die relative Autonomie des Ichs.

Grenzen setzen

Grenzen zu haben bedeutet auch, daß diese Grenzen beachtet werden müssen, man muß gelegentlich auch Grenzen setzen. Dabei geht es keineswegs um starre Grenzen, sondern es sind mobile Grenzen, die deutlich von den Beziehungen, den Einwirkungen auf unseren Ichkomplex durch die Beziehungen und die aktuellen eigenen Bedürfnisse immer neu gesetzt werden. Es gibt Situationen, in denen wir uns »zu verlieren drohen«, in denen also die Abgrenzungen notwendiger sind, z. B. in allen Krisensituationen und Umbruchsituationen, in denen sich unser Ichkomplex umstrukturiert.

Grenzen zu setzen wird bei uns als ein Akt der Entschlossenheit gesehen, als ein aggressiver Akt, wird da doch sehr deutlich die eigene Position neben die eines anderen Menschen gesetzt. Die Angst, die damit verbunden ist, ist die Angst vor Liebesverlust, weil wir überzeugt sind, daß uns eine Beziehungsperson nur liebt, solange wir ihrer Ansicht sind, ihre Gefühle teilen. Es zeigt sich hier, wie weit wir noch deutlich von Kindheitserlebnissen geprägt sind in dem Sinne, daß das Einnehmen einer »eigenen Position« Liebesverlust zur Folge hatte, etwa im bekannten Trotzalter, oder ob wir das Erlebnis der Distanz, die sich immer einstellt, wenn sich ein Mensch abgrenzt, mit dem man sich gerade in glücklicher Übereinstimmung befunden hat, mit Feindseligkeit assoziieren, mit Liebesverlust.

Eigentlich müßte das nicht so sein: Es gehört zu den menschlichen Beziehungen, daß sich dann, wenn wir uns so sehr aufeinander einlassen – das gilt am ausgeprägtesten für die Liebesbeziehungen – so etwas wie ein Beziehungsselbst[27] konstelliert. Man hat sich dieses gemeinsame Selbst als die Summe der Erfahrungen und Phantasien vorzustellen, die gegenseitig durch die Beziehung geweckt worden sind und dann auch zum Teil gelebt werden. Es geht dabei aber nicht nur um die aktuelle Beziehung, sondern es geht auch um Bilder von Ganzheit, die relativ unbewußt die Ideale der Beziehung prägen (Animus- und Animabilder) und in denen Entwicklungspotenzen von beiden Menschen angelegt sind. Dieses Beziehungsselbst ist immer mehr als das individuelle Selbst, aber auch weniger als dieses; das Beziehungsselbst kann dieses individuelle Selbst nicht ganz umfassen. Es scheint nun ein Bewegungsgesetz in Liebesbeziehungen zu sein, daß Phasen, in denen mehr dieses Beziehungsselbst erlebt wird, in denen wir »symbiotischer« miteinander umgehen und in denen auch mehr die Tiefendimension der Liebe, die Geheimnisdimension ausgelotet wird, mit Phasen abwechseln, in denen das individuelle Selbst betont wird, die als Trennungen erlebt werden. Das sind Trennungen, die dadurch entstehen, daß die Stimulierung zur Entwicklung in einer Liebesbeziehung das Selbstgefühl so verstärkt, daß Entwicklungsmöglichkeiten auch annäherungsweise aufgenommen werden können und zu eigenen, gelebten Lebensmöglichkeiten werden, wodurch eine Besinnung auf das individuelle Selbst erfolgt.

Auch Ablöseprozesse bei Trennungen, bei Verlust durch den Tod, sind Phasen, in denen sich ein Mensch von einem Beziehungsselbst wieder auf das individuelle Selbst zurückorganisieren muß – allerdings ohne Aussicht darauf, daß sich wiederum ein neues Beziehungsselbst – zumindest mit diesem Menschen, von dem man sich ablöst – konstelliert.

Was einem großen Rhythmus in engen Beziehungen entspricht, dieses Erleben des Beziehungsselbst, das Ablösen vom Beziehungsselbst auf das individuelle Selbst und – wenn es gutgeht – das neue Erleben von einem qualitativ etwas veränderten Beziehungsselbst, weil sich neue Tiefenfacetten der eigenen Identität in einer Beziehung konstellieren können, wird in den Erfahrungen von Nähe und Distanz immer neu wiederholt.

Auch wenn die Beziehungen zur besten Freundin

keine Liebesbeziehungen im engeren Sinn sind, entsteht trotzdem das Erleben von einem Beziehungsselbst, nicht zuletzt auch durch das Erleben einer großen Kontinuität. Auch die Freundinnen müssen sich immer wieder vom Beziehungsselbst auf das individuelle Selbst zurückorganisieren. Beziehungen leben von diesem Zusammenwirken von Symbiose und Individuation, weil gerade aus der Individuation heraus wieder neue Aspekte in eine neue Symbiose eingebracht werden können – und sich so Selbstwerdung und Beziehung einander optimal ergänzen.

Die aktive Abgrenzung, das Grenzen setzen, gehört zu dieser Rückorganisation auf das individuelle Selbst. Wird nun die Symbiose als besonders erstrebenswert angesehen, ist das Sich-Abgrenzen schwierig, wirft es uns doch auf uns selbst zurück und ist zugleich auch Prüfstein dafür, ob die Anregung zur Selbstwerdung, die durch die Beziehung zur besten Freundin möglich geworden ist, auch taugt, oder ob Stärke hier nur durch Identifikation gefunden worden ist und diese Identifikationsphase nicht übersteht, also nicht wirklich zu etwas Eigenem geworden ist, nicht eigene Stärke in der Psyche ausgelöst hat.

Mit unseren Grenzen rechnen

Zum Sich-Abgrenzen gehört auch, mit unseren Grenzen zu rechnen, uns also nicht grenzenlos zu verausgaben, was auch heißt, uns grenzenlos zu übernehmen. Gerade weil das Helfen so wichtig ist bei Freundinnen, sie ihren Selbstwert nicht nur daraus beziehen, daß sie helfen, sondern auch daraus, daß ihnen geholfen wird[28], bekommt die Kultur der Hilfsbereitschaft einen hohen Stellenwert unter Freundinnen und kann dazu führen, daß die eigenen Grenzen nicht mehr gesehen werden, so daß dann die beste Freundin, die eigentlich hilft, das Leben besser zu bewältigen, zu einer großen Belastung wird. Es scheint mir wichtig zu sein, daß wir auch achtsam werden auf die eigene Bedürfnisse, nicht nur auf die der besten Freundin – das hieße, mit der eigenen Grenze zu rechnen. Das heißt aber auch, sich selbst nicht zu überschätzen. Frauenleben pendeln oft eigentümlich zwischen Selbstunterschätzung und Selbstüberschätzung.

Zwischen Wunsch nach Nähe und Abgrenzung

Das Abgrenzen unter besten Freundinnen scheint nun ein Problem zu sein, gehört es doch fast zur Definition der besten Freundin, daß in der Beziehung zu ihr nicht so viel Abgrenzung nötig ist, da das Erlebnis von Nähe doch entscheidend ist. Schaut man genauer hin, dann ist da aber doch einiges an Abgrenzung zu sehen, zumindest Versuche der Abgrenzung, ein Bemühen um eine gute Balance zwischen Nähe und Distanz.

Explizit wird das Thema der Abgrenzung von 20 Frauen thematisiert, und es kommt bei der Frage, ob die Frauen mit den besten Freundinnen zusammenwohnen möchten, noch einmal deutlich zur Sprache: 51 würden gerne mit der Freundin zusammenwohnen, 23 davon in Hausgemeinschaft. 38 möchten nicht mit der besten Freundin zusammenleben, »um die Beziehung nicht alltäglich werden zu lassen«.

Angesprochen wird das Thema der Abgrenzung auch dort, wo es um Neid, Konkurrenz und Eifersucht als »Knackpunkte« der Beziehung geht – was uns noch beschäftigen wird.

Das Problem von Symbiose und Individuation wird – allerdings in anderen Ausdrücken – von 5 Frauen direkt angesprochen:

»... was bei mir oft in den Freundschaften zu Frauen eine Rolle spielt, ist die Frage des Vermischens der Identität und der Unterscheidung. Wo das manchmal zu leicht ineinandergeht; also es geht auch um Abgrenzung.« (35 J.)

Nach einer konkreten Erfahrung in diesem Zusammenhang gefragt, sagt sie:

»Meinetwegen, einfach, weil die Telefongespräche so schön sind, daß man vermeidet zu sagen, du, eigentlich muß ich jetzt wirklich was arbeiten, und das dann auch tut.«

Diese Form der Abgrenzung – eigene Pläne nicht einfach aufzugeben, weil jetzt ein Telefongespräch mit der besten Freundin gerade stattfindet und Gelegenheit gibt, sich vor der Arbeit zu drücken, hat aber meines Erachtens nicht nur damit zu tun, daß das Telefongespräch so schön ist, sondern auch damit, daß die Freundin, die jetzt gerade in der Stimmung ist, ein längeres Telefongespräch führen zu wollen, gekränkt sein könnte, sich zurückgewiesen fühlen könnte. Das aber wiederum könnte dazu führen, daß die Beziehung schwieriger und das Wohlbefinden in der Beziehung beeinträchtigt werden könnte. Hieße das aber, daß auch beste Freundinnen einander das Recht geben, übereinander zu verfügen, womöglich auch einander zu mißbrauchen, daß vielleicht grundsätzlich Grenzen wenig respektiert werden, das heißt, daß man mit der grenzenlosen Gutmütigkeit der Freundin rechnet? So, wie man vielleicht mit der grenzenlosen Verfügbarkeit der Mutter gerechnet oder sie eingeklagt hat, wenn sie nicht vorhanden war?

Eine andere Frau sagt direkt zum Thema:

»Ich kriege leicht mit irgendwelchen Identifikationsgeschichten und zuviel Nähe ein bißchen Probleme. Und darauf achte ich mittlerweile ganz gut (…), damit ich nicht (…) irgendwann zu sehr in so eine symbiotische Bedrängnis komme. Ich habe früher oft so Helferfreundschaften gehabt. Und das versuche ich im Moment zu vermeiden.« (28J.)

Dieser Frau fällt weiter auf, daß das Problem der Abgrenzung je nach Freundin verschieden ist. Läßt die Freundin mehr Nähe zu, so ist Abgrenzung schwierig, ist die Freundin selbst auch auf Abgrenzung bedacht, ist diese viel einfacher, allerdings ist dann auch weniger Nähe erlebbar. Zuviel Nähe wird hier mit »Identifikationsgeschichten«, »symbiotischer Bedrängnis« und mit »Helferbeziehung« in Verbindung gebracht.

Die Identifikation spielt in der Beziehung der Freundinnen eine große Rolle: Beide Frauen sind mit ähnlichen sozialen Erfahrungen groß geworden, und durch die lange Beziehung wird oft sehr genau gespürt, was in der Freundin vorgeht. Manchmal mag eine weitgehende Fähigkeit zu Empathie mit Identifikation verwechselt werden; in der Empathie wäre es möglich, sich in die Freundin einzufühlen und aus dieser Einfühlung heraus etwas zu tun, was für die Freundin oder für beide eine Situation erträglicher macht. Empathie ist sozusagen eine Identifikation mit der Befindlichkeit der Freundin – auf Zeit. Identifikation meint dagegen, daß man sozusagen in die Haut der Freundin schlüpft, so daß ihre Probleme zu den eigenen Problemen werden, ihre Entwicklungsfähigkeiten, ihre Kompetenzen im Umgang mit dem Leben aber auch zu den eigenen. Das heißt dann aber, daß man eben dringend wieder in die eigene Haut schlüpfen muß, um für die Freundin ein Gegenüber zu bleiben. Bei der Identifikation kann übrigens eine Rolle spielen, daß eigene Probleme zunächst bei der Freundin gesehen werden, auf sie projiziert oder an sie delegiert werden, und daß man diese dann – für die Freundin, selbstlos, ohne daß man zugeben müßte, daß das eigene Probleme sind, löst. Das führt zu zähen Helferbeziehungen.

Es ist oft das Wesen der Helferbeziehung, bei der man sich eben übernimmt und vergißt, daß man nicht grenzenlos geben kann, daß sie zu einem Zwang führt, etwas geben zu müssen, das man schon gar nicht mehr geben kann. Das Wort »Bedrängnis« zeigt, daß der Ausdruck »Symbiose« hier schon nicht mehr anzuwenden ist, zeigt aber weiter auch, daß immer dann, wenn Beziehungen zu nahe werden und keine bewußte Abgrenzung erfolgt, die Abgrenzung von innen her sich ereignet. In der symbiotischen Bedrängnis wird jeder Mensch auf sich selbst, auf sein schlechtes Gefühl der Einengung – eben die Bedrängnis – zurückgeworfen.

»*Zusammen sind sie (meine besten Freundinnen) so meine Lebensmittel. Es ist auch so dieses Gefühl von wirklicher Zuverlässigkeit, auch abhängig sein davon, aber auch immer wieder dieses Sich-abgrenzen-Können. Ich muß das auch immer in einer guten Balance zu mir selber halten.*« (59 J.)

Um eine Balance geht es also, um Abhängigkeit, wie es hier formuliert wird, Abhängigkeit von der Zuverlässigkeit der Freundinnen, aber auch darum, sich wieder auf sich selbst zurückzubesinnen. In dieser Aussage, daß es eigentlich eine Balance ist, kommt zum Ausdruck, daß dieses Abgrenzen auch eine Kunst ist, etwas, das immer wieder neu austariert werden will – eigene Bedürfnisse gegenüber den Bedürfnissen der Freundin, Abhängigkeit und Selbständigkeit.

Ist es für die ältere Frau offenbar eine Aufgabe, in eigener Verantwortung diese Balance zu halten, wird bei einer 34jährigen Frau bereits darüber diskutiert:

»*Konkurrenz ist zum Beispiel ein offenes Problem, Nähe und Distanz, wo wir uns auch immer wieder austauschen, wo sind unsere Grenzen, wo überschreiten wir die… Da sind auch immer wieder beide Seiten, also Unterschiedlichkeit und Gemeinsamkeit, das ist beides da, und beides ist auch wichtig. Das Ganz-Aufgehen in der anderen, das wäre mir zum Teil auch zu nah, obwohl es solche Situationen auch gibt.*«

Die Frage nach den Grenzen, aber auch die Frage, wo Frauen die Grenzen unbewußt überschreiten, scheinen mir ganz wichtige Fragen zu sein. Denn es gibt, auch bei besten Freundinnen – oder mehr noch vielleicht bei fast besten Freundinnen – viele Beziehungsabbrüche oder Beziehungsunterbrechungen, die meines Erachtens nicht selten etwas damit zu tun haben, daß gerade Grenzüberschreitungen stattgefunden haben, die nicht zum Thema der Auseinandersetzungen wurden.

Eine weitere Form der Abgrenzung scheint die zu sein, daß eine Frau sich gar nicht erst so sehr auf die andere einläßt – so stellt sich die gefürchtete Abhängigkeit gar nicht erst ein.

»Aber ich weiß gar nicht, ob ich mich auf eine Person so stark einlassen will, das überlege ich gerade. Ob ein Mensch eine so große Bedeutung für mich haben soll. Wenn sie für mich nämlich eine große Bedeutung hat, dann bin ich ja abhängig davon, unwahrscheinlich abhängig, und das will ich eigentlich gar nicht.« (32 J.)

Diese Form der Abgrenzung bewirkt aber, daß gar keine enge Beziehung zustande kommen kann und letztlich gar keine beste Freundin existieren darf.

Einige Frauen beschreiben konkret, wie sich bei ihnen das Thema der Abgrenzung zeigt:

»Und irgendwie brauche ich das wohl, so jemanden, gegen den ich mich dann durchsetzen muß, gegen den ich meinen Raum erkämpfen muß. Und bei Andrea muß ich das auch. Aber das ärgert mich, daß es so ist, weil, ja da benutze ich sie ja auch.« (36 J.)

»Es ist nie so ein Problem zu sagen ›Du, ich kann jetzt nicht, es ist zuviel…‹ im Unterschied zu Beziehungen zu Männern.« (33 J.)

Diese Aussage steht als Einzelaussage neben anderen, die die Schwierigkeit des Sich-abgrenzens zum Thema haben.

»Also bei Susanne weiß ich, daß es da für mich eine Schwierigkeit ist, mich da abzugrenzen von ihr. Weil, sie ist so sehr mütterlich und tut alles mögliche für mich. Und das ist mir manchmal ein bißchen zuviel, und dann fällt mir das schwer, mich da abzugrenzen, weil ich Angst habe, daß ich sie damit verletze. Ich sage ihr das dann so, und wir versuchen, das dann irgendwie hinzukriegen, und sie merkt das dann auch...

Also ich habe das Gefühl, es ist bei beiden Freundinnen ein hochsensibles Aufeinandereingehen. Und weil jede Seite ganz viel von der anderen Seite merkt, kommt es nicht zu direkten Konflikten (...), weil auch bei beiden eine hohe Akzeptanz der Individualität da ist; also keine meckert am Leben der anderen herum. Und das ist eben ganz wichtig.« (36 J.)

In dieser Aussage kommt zum Ausdruck, wie hochsensibel der Bereich der Abgrenzung der Freundinnen voneinander ist, daß, würde diese Abgrenzung nicht so sorgsam und so achtsam vorgenommen, Konflikte ausbrechen würden, die die Freundschaft beeinträchtigen könnten und gerade das nicht mehr erlebbar machten, was diese ganz spezielle Beziehung ausmacht. Natürlich kann man sich fragen, ob diese Abgrenzungsschwierigkeiten, die doch bei den Frauen, die hier interviewt worden sind, durchaus als bewußte Fragen bestehen, mit der »Konfliktunfähigkeit« der Frau zu tun hat, oder ob es vielleicht wirklich zum Wesen der Beziehung zur besten Freundin gehört, daß dieses Sich-Abgrenzen in einer so sorgsamen Weise zu erfolgen hat.

In diese Richtung deutet auch die folgende Aussage:

»Früher habe ich mich in Freundschaften schnell ausnutzen lassen, wo ich heute denke, das waren auch keine. Heute grenze ich mich mehr ab und sage klar, das geht für mich zu weit, oder dazu bin ich nicht in der Lage, habe dann aber auch Angst, jemand wendet sich von mir ab.« (30 J.)

Freundschaften, in denen man ausgenutzt wird, sind keine Freundschaften, wenn aber deutlich etwas versagt wird, dann besteht die Angst, als Freundin nicht mehr zu genügen. Es muß also ein sehr sensibles Gleichgewicht bewahrt werden zwischen dem Erfüllen der Erwartungen, die in die Freundschaft gesteckt werden, um eine attraktive Freundin zu bleiben, und dem Bewahren der Eigeninteressen.

Das Abgrenzen gilt nicht nur beim Beziehungsangebot und der Beziehungsnachfrage und der Hilfeleistung, des Für-die-andere-Daseins, es gilt auch bei Meinungsverschiedenheiten:

»Auch bei unterschiedlichen Meinungen wird es manchmal schwierig. Wir haben oft sehr unterschiedliche Einstellungen, und es gibt dann auch Bereiche, wo sie das nicht akzeptieren kann oder will. Das macht mir dann schon manchmal angst, daß ich denke, ich will sie nicht verlieren, aber andererseits weiß ich auch, wenn ich das für richtig halte, dann muß sie mich halt vom Gegenteil überzeugen.« (29 J.)

Es scheint schwierig zu sein, eine solche Meinung dann einfach stehen zu lassen, zu akzeptieren, daß man nicht gleicher Meinung ist, denn dies könnte einen im Selbstgefühl und im Gefühl des gemeinsamen Wissens um das Richtige verunsichern.

Es braucht ein relativ stabiles Selbstwertgefühl, um Meinungen, die nicht vereinbar sind, miteinander auszudiskutieren, damit klar wird, was jede meint, und sie dann einfach stehen zu lassen – als Teil der Eigenart der besten Freundin. Gibt es nämlich zu viele solcher Bereiche, dann leidet das Erlebnis der Nähe darunter, dann könnte es sein, daß plötzlich nicht mehr deutlich ist, warum die beste Freundin eigentlich noch die beste Freundin ist.

Aber mehr noch als die Angst vor zu großer Distanz wird in den Interviews immer wieder die Angst vor zu großer Nähe ausgedrückt:

»Das ist total wichtig (…), daß jede ihr eigenes Leben so weiterführt; daß es sich schon gegenseitig anstößt und bewegt, aber nicht, daß es sich ineinander so vermischt…« (28J.)

Das ist auch der Grund, warum viele Frauen (38 %) es sich nicht vorstellen können, mit ihrer Freundin zusammenzuwohnen. Das getrennte Wohnen gibt die Distanz, die notwendig ist, um die Nähe so zulassen zu können, daß gerade noch dieses sich gegenseitig befruchtende »Anstoßen«, »Bewegen«, »Nähren« erlebbar ist, ohne die Gefahr, durch zu abrupte Abgrenzungsmanöver die Freundin zu verletzen oder durch zu wenig Abgrenzung sich in der Beziehung aufzugeben und sich ganz von der Freundin bestimmen zu lassen.

In der Beziehung zur besten Freundin wird das originäre Selbst stimuliert, dennoch besteht auch die Gefahr, daß aus dem Gefühl der Abhängigkeit heraus das eigene Selbstgefühl, das Gefühl für das originäre Selbst, verlorengeht, das heißt dann aber, daß man nicht mehr nein sagen kann. In der Beziehung zur besten Freundin muß deshalb, soll die Freundschaft Bestand haben, Abgrenzung so gelernt werden, daß für beide ein Gefühl der Grenzen entsteht, ein Gefühl auch, wann Grenzen eines anderen Menschen in einer unzulässigen – weil nicht eingeladenen – Weise überschritten werden. Die besten Freundinnen müssen grenzenbewußt werden, und es kann wohl auch gefolgert werden: In diesen Beziehungen kann Abgrenzung auf eine gute Art gelernt werden.

Daß das keinesfalls überall schon der Fall ist, wird in den Interviews auch deutlich: Einige vertrösten sich darauf, daß ja irgendwann die gemeinsame Arbeit beendet ist, so daß sich dann die Grenzen von selbst wieder normalisieren, oder indem sie eine räumliche Distanz einlegen, damit dieses Problem nicht zu zwingend wird. Hinter einigen Krisen stecken in diesen Beziehungen unbereinigte Grenzkonflikte.

Gelegentlich hilft auch ein einbrechender Mann, Grenzen zwischen den Freundinnen wieder deutlicher zu bezeichnen.

Und vielleicht sind es nicht nur die einbrechenden Männer, sondern die Männer, zu denen eine Liebesbeziehung besteht, die durch ihre Forderung eine Form der Abgrenzung schaffen. Diese hat dann aber, wie alle instrumentellen Formen der Abgrenzung auch, wie z. B. der Entschluß, nicht miteinander zu wohnen, sich nur gelegentlich zu sehen, zu hoffen, daß die gemeinsame Arbeit bald beendet ist usw., wenig mit der Achtsamkeit dem eigenen originären

Selbst gegenüber zu tun und viel damit, daß »die Um-
stände« zu Hilfe kommen sollen, wo der Mut zur
Auseinandersetzung mit der Angst vor der Zurückweisung und der Sehnsucht nach Nähe kollidieren
und die mühsame Arbeit, Grenzen immer wieder zu
erspüren und ihren Verlauf mitzuteilen, gescheut
wird.

Das Ansprechen
von Konflikten

Immer wieder ergeht an die Freundinnen der Vorwurf, sie könnten sich nicht miteinander auseinandersetzen; und heutige Frauen scheinen den Vorwurf, »konfliktscheu« zu sein, auch schon als »frauenspezifisches« Problem zu betrachten und als solches auch internalisiert zu haben. Statt zu fragen, wie denn eigentlich die Auseinandersetzung zwischen Frauen stattfindet, wird zunächst einfach akzeptiert, daß die Auseinandersetzung problematisch ist, und wie mir scheint, werden von den Frauen Auseinandersetzungen im Sinne eines männlichen Musters gefordert. Es könnte aber auch eine Form der Auseinandersetzung geben, die die Beziehung mehr im Mittelpunkt behält und dennoch nicht die Probleme verdrängt. Denn immerhin wird oft betont, daß in der Freundinnenbeziehung die Probleme wirklich ausdiskutiert werden, und das betrifft, gemäß unseren Interviews, auch die Beziehungsprobleme zwischen den Freundinnen. Immerhin erwähnen 26% der Frauen, daß sie auch über ihre Beziehungsprobleme, die sie miteinander haben, sprechen. Zum Vergleich erwähnen 40% der Frauen explizit, daß sie über die Beziehungsprobleme, die sich im Zusammenhang mit ihren Partnern ergeben, sprechen.

Die Auseinandersetzung zwischen Freundinnen ist wichtig, ist sie doch eine weitere Form der Abgrenzung. Findet diese Auseinandersetzung nicht statt, besteht die Gefahr, daß unausgesprochene Differenzen zu Sprengkeilen der Beziehung werden.

Erwähnt werden in diesem Zusammenhang Kritik, Auseinandersetzung und Streit.

Kritik anmelden

Dabei wird deutlich, daß Kritik von der Freundin geäußert und vielleicht sogar nur von ihr geäußert werden darf, oder nur dann angenommen werden kann, wenn sie von der Freundin kommt, also von einem Menschen, der primär wohlwollend gestimmt ist.

Von den 24 Frauen, die das Thema Kritik, Auseinandersetzung und Streit ansprechen – das Thema der Eifersucht ist dabei noch nicht berücksichtigt, da ich in einem späteren Kapitel darauf eingehen werde –, erwähnen 4, daß sie die Kritik der Freundin akzeptieren.

Eine 32jährige Frau sagt:

»... sie (gehört) mit zu den wenigen Menschen, die es fertigbringen, mir den Kopf zu waschen, ohne daß ich irgendwie stinkig und sauer reagiere.«

Eine 33jährige Frau:

»Wenn sie was sagen, dann bedeutet mir das auch viel. Die können mir auch Sachen sagen, die mir jemand anders vielleicht nicht so sagen könnte und wo ich es auch nicht annehmen würde.«

Bei diesen beiden Ausschnitten aus Interviews und auch in anderen, die ich nicht anfüge, weil sie sich mit ihnen in der Aussage praktisch decken, wird das Thema Offenheit wieder aufgenommen, jetzt eher auf der Konfliktebene. Es können Sachen gesagt werden, die man sonst nicht akzeptieren würde. In den Interviews wird nicht deutlich, ob denn über solche Aussagen oder auch Spiegelungen gesprochen wird, ob länger darum gerungen wird – oder ob die Aussage einfach zunächst einmal gehört und auch bedacht wird. Unter Konfliktfähigkeit – so kommt es mir manchmal vor – wird ein intellektuelles Ping-Pongspiel (Tischtennis) verstanden: Ist ein Mensch fähig, auf einen Vorwurf möglichst schnell und präzise mit einem Gegenargument, vielleicht auch mit einem Gegenvorwurf, zu reagieren? Tiefenpsychologisch gesehen würde Konfliktfähigkeit eher bedeuten, den Vorwurf oder Anwurf einmal zu hören und den Konflikt, der dadurch in der Psyche ausgelöst wird, auszuhalten, bis entweder eine differenzierte Veränderung im Selbstbild erfolgt oder die Gewißheit erreicht ist, daß der Vorwurf nicht gerechtfertigt war. Erst dann sollte geprüft werden, weshalb er erfolgte, ob der Vorwurf vielleicht etwas zudeckt, was im dunkeln bleiben sollte, usw.

Auseinandersetzung wagen

Auseinandersetzungen scheint es aber durchaus zu geben. Die Konfrontation endet nicht mit dem Äußern der Kritik.

So sagt eine 30jährige Frau:

»*Wir haben teilweise auch sehr viele Auseinandersetzungen, also streiten auch. Das ist für uns ein Lernprozeß, daß eine Freundschaft trotzdem weiterbestehen kann; daß sie das aushält. Für mich sind Auseinandersetzungen ganz schwierig, weil ich*

Angst davor habe, daß die anderen mich dann nicht mehr mögen, daß ich abgeschrieben bin. Da ist es dann so ein Lernprozeß, zu merken, ich werde trotzdem gemocht. Und das ist auch in Ordnung, eine gute Freundschaft hält das auch einfach aus. Und das wird weitergehn, aber so, daß jede sich auch verändert, in eine andere Richtung. Wir können darüber auch offen reden, auch über Verlustängste, die wir beide haben.«

Die Auseinandersetzungen finden statt, ängstigen aber auch, sie lösen vor allem Verlustängste aus. Wenn diese allerdings den Frauen bewußt sind, wenn darüber gesprochen werden darf, dann können Auseinandersetzungen stattfinden. Freundschaftsbeziehungen, in denen wenig Angst erfahren wird – wie wir gesehen haben – und die einen hohen Wert darstellen im Wertesystem einer Frau, verlieren diese Qualität der relativen Angstfreiheit, wenn die Beziehung als solche, damit auch ihr Wert, in Frage gestellt wird. Wir reagieren immer dann mit Angst, wenn ein für uns hoher Wert in unserem Leben bedroht ist.

Dies wird von einer 28jährigen Frau so ausgedrückt:

»Ich empfinde es als sehr sehr schwierig, Konflikte in Beziehungen zu besprechen, die eine große Bedeutung für mich haben.«

Die Frage ist nur, ob die Freundschaft durch Auseinandersetzung bedroht ist, oder ob hier die Freundinnen ein Vorurteil in die Beziehung hineintragen: Gerade dann, wenn soviel Wohlwollen vorhanden ist, wenn die Gesprächspartnerinnen einan-

der auch zuhören, auch wollen, daß sie wachsen aneinander, dann könnten Auseinandersetzungen als
Klärungsprozesse und Bewußtwerdungsprozesse
funktionieren. Die Angst vor Liebesverlust, die
Angst vor dem Ausgestoßenwerden, scheint mir,
kommt aus eher weniger stabilen Freundschaftsbeziehungen, oder aus rigorosen Erziehungsmethoden,
die ein Kind auf absoluten Gehorsam verpflichte-
ten und Verstöße dagegen mit Liebesentzug ahn-
deten.

Es scheint aber bei den Frauen langsam deutlich
zu werden, daß die Auseinandersetzungen nicht
notwendigerweise mit Liebesverlust enden, auch
wenn sie natürlich immer zunächst eine Abgrenzung bringen: Da steht ein Ich einem Du gegenüber
in Kampfposition und, im Gegensatz zur alltäglichen Abgrenzung, geht es um etwas, was bedeutsa-
mer ist, um einen höheren Wert, um Abgrenzung
und um Erhalt der Freundschaft. Auch hier hilft ein
Umdenken, wie oft im Umgehen mit der Angst. So
fällt in dem eingangs zitierten Interview auf, daß
bereits vorweggenommen wird, daß jede der Freundinnen sich auch in »eine andere Richtung« verändern kann, und diese möglichen Veränderungen
werden grundsätzlich akzeptiert. Eine Freundschaft
muß auch nicht daran zugrunde gehen, daß die
Frauen andere Lebensinhalte an zentraler Stelle haben – das kann auch zum Austausch anregen. Das
Individuationspotential, das in der Frauenfreundschaft liegt, wird bei dieser Form der Angstbewälti-
gung, die zu größerer Bereitschaft zu Auseinandersetzungen führt, ganz ernst genommen; geopfert
wird ein Ideal der Gleichheit als Voraussetzung für
nahe Freundschaft.

Im übrigen betonen die Frauen immer wieder, daß

es ein Lernprozeß ist und sie durch Erfahrung lernen, daß Auseinandersetzung nicht das Ende einer Beziehung ist.

Eine 24jährige Frau sagt dazu:

»Ja, also es ist noch nie ein richtiger Streit entbrannt, daß es persönlich diffamierend oder so wurde, sondern das ist wirklich so, daß wir uns auseinandergesetzt haben und auch wieder zusammensetzen können, also es ist immer ein Weg da, zueinander zu finden und auch weiter miteinander zu reden. Dann lassen wir es eben auch mal stehen, und das ist erst mal so in Ordnung, so wie jede das gesagt hat.«

Auseinandersetzen, sich wieder zusammensetzen – das könnte ein Modell sein für die Auseinandersetzung in Freundschaftsbeziehungen. Auseinandersetzungen müssen ja nicht diffamierend sein, um den Ausdruck Auseinandersetzung zu verdienen! Und wenn vertrauensvolle Beziehungen zwischen den besten Freundinnen wirklich so wichtig sind, dann müssen die Auseinandersetzungen sorgsam geführt werden, wie auch die Abgrenzungen sorgsam gesetzt werden müssen. Das heißt nicht, daß Unstimmiges nicht angesprochen wird, aber es müßte so angesprochen werden, daß man sich dann wieder zusammensetzen kann. Dabei ist natürlich nicht zu vernachlässigen, daß es auch Freundschaftsbeziehungen gibt, die sich erschöpft haben und zu einem Ende kommen müssen. Nicht jede Freundschaft ist für ein ganzes Leben gemeint.

Selbstverständlich gibt es auch Unterschiede zwischen den Freundinnen in der Fähigkeit zur Auseinandersetzung.

So sagt eine 33jährige Frau:

»Wir haben auch Probleme miteinander, und irgendwie hatte ich von mir aus (...) vermieden (diese
anzusprechen), weil ich dachte, ich möchte nicht so
gerne die relativ unbelastete Freundschaft aufs Spiel
setzen... Ich glaube, das ist so ein Problem von mir,
die Konfliktvermeidung, aber sie vermeidet eigentlich wenig Konflikte, oder weniger. Ich habe das Gefühl, sie ist stärker als ich, in Konfliktsituationen
hätte ich bei ihr weniger Chancen (...). Und bei meinem Mann, da habe ich das Gefühl, daß ich die Stär-
kere bin. Und deshalb brauche ich bei ihm auch
nicht so die Konflikte zu vermeiden.«*

Die Freundin, die konfliktfähiger ist, wird als stärker erlebt, der Konflikt wird gewagt, wenn ein Sieg
erwartet wird. Dahinter steht das Modell der Auseinandersetzung, bei dem es um Unterlegene und
Überlegene geht. Diese Vorstellung von Auseinandersetzung scheint einige Frauen zu blockieren und
führt dann zu Feststellungen wie:

»Streiten liegt bei allen vieren gar nicht wirklich
drin.« (31 J.)

Dennoch werden verschieden Konfliktpunkte genannt: Konkurrenz um Freundschaften, Konkurrenz
um beruflichen Erfolg, Konkurrenz um Zeit für gemeinsame Unternehmungen, Probleme mit dem
Mutterwerden der einen Freundin.

»Vieles ging ganz einfach nicht mehr, und sie hat
sich dann eine Zeitlang zurückgezogen. Aber das
geht jetzt wieder.« (31 J.)

Eine Alternative zum Streiten scheint die Distanzie-
rung zu sein, die dann zur endgültigen Distanz oder

136

»eines schönen Tages« zur Wiederaufnahme der Freundschaft führt. Geklärt sind dann die Probleme allerdings nicht. Und vielleicht sind Freundschaften, in denen in dieser Weise mit den Problemen umgegangen wird, auch nicht sehr nahe Freundschaften, weil ihnen doch auch etwas Unverbindliches anhaftet.

So hält eine 33jährige Frau die Bereitschaft zur Auseinandersetzung geradezu für ein Merkmal einer verbindlichen Beziehung zu einer besten Freundin:

»... Es ist auch sehr verbindlich, wo halt auch Auseinandersetzung bei Konflikten schon stattfindet.«

Nicht selten scheinen Konflikte ihre Ursachen in mangelnden Absprachen zu haben. Fast scheint es so, als würde unter Freundinnen das »wortlose« Verstehen etwas zu sehr strapaziert oder vielleicht auch zu sehr generalisiert, denn einander in einer schwierigen emotionalen Situation zu verstehen heißt noch lange nicht, daß in Situationen des Alltags, wo organisiert werden muß, das wortlose Verstehen auch einfach vorausgesetzt werden darf.

Streit austragen

Einige Frauen gebrauchen das Wort Auseinandersetzung, andere Streit. Wobei es beim Streiten dann auch sehr viel lauter zugeht, die beiden einander auch richtig »fetzen«. Inhalte des Streits sind verschiedene: Es kann um Abtreibung gehen, aber auch darum, wie eingekauft werden soll. So verschieden wie die Inhalte scheinen auch die dynamischen Prozesse zu sein, die durch diese Streitereien ausgelöst werden: Bei den einen Funkstille, Distanz, Verletztheit, Enttäuschung – und dann wieder eine langsame Annäherung – oder eine Entfremdung; bei anderen mündet der Streit in Lachen. Dazu eine 34jährige Frau:

»Selbst wenn wir uns mal streiten, na ja, dann lachen wir auch hinterher darüber, es ist so, daß wir nicht mehr so kämpfen.«

Vergleicht man die Interviews, kristallisieren sich zwei verschiedene Formen der Auseinandersetzung heraus: die eine, bei der verschiedene Ansichten, Lebensentwürfe, Forderungen aufeinanderprallen, bei denen es darum geht, herauszufinden, wieviel man mit der Freundin teilen kann und wo man ihr nicht zu folgen vermag, ohne daß deshalb die Beziehung in Frage gestellt ist, und die Form der Auseinandersetzung, bei der es ums Siegen geht, und damit auch ums Verlieren.

Auseinandersetzung wird zwar als notwendig erachtet, ist aber von großer Verlustangst begleitet und wird deshalb vielleicht doch öfter vermieden als gut tut.

Eine 36jährige Frau gibt eine Erklärung dafür, warum es in ihren Freundschaftsbeziehungen nicht zu offenen Konflikten kommt:

»Also ich habe das Gefühl, es ist bei beiden Freundinnen ein hochsensibles Aufeinander-Eingehen. Und weil jede Seite ganz viel von der anderen Seite merkt, kommt es nicht zu direkten Konflikten... Weil auch bei beiden eine hohe Akzeptanz der Individualität da ist.«

138

Gewiß gibt es weniger Konflikte, wenn die Individualität respektiert wird, wenn respektiert wird, daß auch Freundinnen sich entwickeln und das eine positive Herausforderung sein kann. Gewiß gibt es auch weniger offene Konflikte wenn mögliche Konfliktpartnerinnen sich ineinander einfühlen. Dennoch meine ich, daß die Konfliktpunkte benannt werden müssen, daß auch um Positionen gerungen werden muß, nicht um die Freundin zu überzeugen, sondern um deutlich zu machen, wo jede steht, um die lebendige Auseinandersetzung in Gang zu halten.

Es wäre fatal, würde aus Verlustangst genau diese Beziehung, die eine so wichtige emotionale Basis bietet, aufs Spiel gesetzt.

Konfliktpunkte gibt es genug:

Es sind einmal die Konfliktpunkte, die daraus resultieren, daß die Freundinnen das Vorurteil pflegen, daß sie nur Freundinnen sein können, wenn sie denselben Frauenweg einschlagen. Dann sind es die normalen Konflikte aus Eifersucht, Neid, Konkurrenz. Aber es sind auch Konflikte, die sich aus der ernsthaften Auseinandersetzung mit schwierigen existentiellen und ethischen Problemen ergeben, z. B. das Thema Abtreibung. Diese Konflikte entstehen, weil die Freundinnen wirklich miteinander existentielle Probleme bedenken und angehen wollen. Zentrale Konflikte entstehen auch durch die Konkurrenz zwischen der Beziehung zum Mann und der Beziehung zur Freundin usw.

Neid, Rivalität
und Eifersucht
in der Freundschaft

Neid, Rivalität und Eifersucht spielen eine große Rolle auch in der Beziehung zu den besten Freundinnen. 27 Frauen sprechen das Problem deutlich an, 4 Frauen sind der Ansicht, diese Freundinnen seien eben ihre besten Freundinnen, weil bei ihnen keine Gefühle der Konkurrenz aufkommen.

Neid, dieses quälende Gefühlsgemisch von Mißgunst, Wut, Haß, Ohnmacht, Verzweiflung, Hilflosigkeit angesichts des Seins oder des Erfolges einer anderen Person, kann verschiedene Intensitäten haben:

Man kann den Neid deutlich wahrnehmen im Sinne: Das möchte ich aber auch, oder: Das ist ungerecht, daß der das so leichtfällt, und ich muß mich so anstrengen; und Neid kann außerordentlich quälend sein, zu Phantasien der Zerstörung des Neiderregers oder der Neiderregerin führen.

Wann immer möglich, verdrängen wir den Neid, er zeigt sich dann aber daran, daß beneidete Menschen entwertet werden, sich selbst idealisiert man dabei oft. In einer Beziehung ist moderater Neid nicht zu umgehen, sonst wäre man sich auch nicht gegenseitig Ansporn. Quälender Neid aber vergiftet Beziehungen und hindert die Menschen gerade daran, aneinander zu wachsen, auch zeigen zu dürfen, wo sie ihre Stärken haben – etwas, das in der Beziehung zur besten Freundin einen wichtigen Stellenwert einnimmt. Nicht quälender Neid sollte erlebt werden, sondern moderater Neid – und moderat bleibt der Neid meistens dann, wenn die Frau ihn wahrzunehmen wagt, wenn sie ihn nicht verdrängt und wenn es möglich ist, mit dem beneideten Menschen ein Gefühl des »Wir« herzustellen. Dann können wir teilhaben an dem, was dieser Mensch hat, schafft, ist – ohne daß wir so richtig mißgünstig zu werden brauchen, und wir können produktiv mit dem Neid umgehen.

Neid ist nicht nur ein Zeichen, daß wir nicht mit uns selbst einverstanden sind und gern »ein anderer« oder »eine andere« wären. Neid ist auch der Anruf an uns selbst, aus uns mehr zu machen, uns durch Neiderregendes aufstören zu lassen und uns die Frage zu stellen, ob wir nicht auch mehr machen könnten aus unserem Leben. Neid ist ein Anruf an unser Selbstsein, an unsere Individuation, er zeigt uns, daß wir unser Selbstsein erfüllen sollten, gehe es nun um Talente, die wir nicht realisieren, oder um Schattenseiten, die wir nicht zu leben wagen und die uns dazu bringen, Menschen insgeheim zu beneiden, die gerade die von uns so verachteten Seiten leben. Das gelingt uns leichter, wenn wir Anteil haben am Leben eines Menschen, der Neid erregt, wenn wir uns gemeinsam an etwas begeistern können. Dann wird aus Neid »tätiger Neid«, Rivalität. Auch sie kann mehr geprägt sein von produktivem oder destruktivem Neid. Ist mehr produktiver Neid in der Rivalität, äußert sie sich darin, daß zwei Menschen, die sich mögen, die einander gut sind, sich gegenseitig herausfordern, spielerisch, manchmal auch etwas verbissener, aber sie sind einander Ansporn auf den Gebieten, auf denen sie eben rivalisieren. Beim Rivalisieren, bei dem mehr destruktiver Neid dahintersteht, geht es dann letztlich doch darum, wer gewinnt und wer verliert, es geht um den Triumph des einen über den anderen.

Aus der Geschwisterforschung[29] ist bekannt, daß Geschwister dann konstruktiv miteinander rivalisieren, wenn im Familiensystem deutlich erfahrbar ist, daß sie sich einerseits ähnlich sind – das ist die Basis für die Identifikation und die damit verbundene

Nähe unter Geschwistern –, andererseits aber auch verschieden. Gerade diese Verschiedenheit aber – Nährboden für die Individuation – gibt Anlaß zu Neid und Rivalität.

Wenn also betont wird, daß ein »Wir« vorhanden ist, in dem man sich auch gefühlsmäßig beheimatet fühlt, dann können die Unterschiede als Herausforderungen angesehen werden, als Anreiz zu Wachstum und zu Entwicklung.

Diese Entwicklung ist vor allem in Familien zu beobachten, in denen Eltern die Stärken der Kinder betonen, mehr als ihre Schwächen, in denen die Eltern Konflikte aushalten können und sich bemühen, fair zu sein, aber auch Stellung zu beziehen. Was von der Geschwisterforschung bekannt ist, kann auf andere Beziehungen, hier auf die Freundschaftsbeziehungen, übertragen werden, denn Neid, Rivalität und Eifersucht sind Emotionen, die in der Beziehung zu den Eltern und den Geschwistern wurzeln und dann auf weitere nahe Beziehungspersonen übertragen werden. Oder aber man lernt an den weiteren Beziehungspersonen, nicht immer wieder das Neid- und Rivalitätsdrama der Kindheit zu wiederholen.

Eifersucht ist wohl ein Name für die Kränkung, die wir erleiden, wenn wir etwas verlieren, auf das wir ein Exklusivrecht zu haben meinen[30], oder wenn die Möglichkeit besteht, daß wir es verlieren könnten. Es geht um Exklusivrecht – eifersüchtig sind wir überzeugt, daß nur *ein* Mensch den begehrten Menschen für sich haben kann, usw.

Beim Gefühl der Eifersucht spielen Neid und Rivalität eine große Rolle, sie sind Bestandteile der Eifersucht. Man hat, wenn man eifersüchtig ist, einen beneideten Rivalen oder eine beneidete Rivalin. Dazu kommt das Thema der Verlustangst, der Angst auch vor Verlassensein. Diese hängt nicht nur damit zusammen, daß wir uns dann allein fühlen, sondern auch damit, daß wir davon überzeugt sind, nicht liebenswert zu sein, und das ist ein Einbruch im Selbstwertgefühl. Zu Eifersucht neigen wir dann am meisten, wenn wir uns durch die Zuneigung eines anderen Menschen in einem hohen Grade bestätigen lassen, daß wir liebenswert sind, wenn wir sehr wenig fähig sind, uns selbst zu lieben.

Wir sind also dann besonders neidisch, wenn wir mit uns selbst nicht einverstanden sind, wenn wir eine schlechte Beziehung zu uns selbst haben, wenn wir nicht in Verbindung mit unserem originären Selbst stehen und dadurch in unserer Identität nicht sicher sind. Dieses Gefühl der Selbstunsicherheit kompensieren wir dann mit Gefühlen der Grandiosität: Entweder wollen wir dann alles haben – daraus erwächst die Gier, die mit dem Neid eng verbunden ist –, oder wir müssen alles zerstören.

Da wir, wenn unsere Beziehung zu unserem originären Selbst nicht erlebbar ist, uns fühlen, als ob wir keine Daseinsberechtigung hätten – oder als ob wir immer einen Anspruch auf grandiose Verwöhnung hätten, stehen wir in einem Zwang, uns ständig mit anderen Menschen vergleichen zu müssen. Dieses Vergleichen mit anderen Menschen, das ein normales menschliches Verhalten ist, wenn es nicht zwanghaft geschehen muß, hat den Sinn, sich der eigenen Identität zu vergewissern durch ständige Nähe und Abgrenzung zu den Menschen, mit denen man sich vergleicht. Das zwanghafte Vergleichen im Neid zeigt an, daß wir uns dringend unserer Identität versichern müssen, aber dieser Vergleich ist ein unglücklicher: Das eigene Selbst wird entwertet, das »fremde Selbst«, der Mensch, den wir beneiden, idealisiert.

Alle Gaben von anderen Menschen, alle Leistungen werden gesehen durch die Brille des »Zu-kurz-komm-Komplexes«[31]. Das ist auch richtig, denn unser Neid weist darauf hin, daß wir uns selbst irgendwo zu kurz kommen lassen – wir entwerten uns – und daß wir in Gefahr sind, zum Ausgleich statt Selbstliebe Selbstsucht zu entwickeln, wir kommen also noch einmal zu kurz. Sehr quälender Neid wird in der Literatur immer mit großer frühkindlicher Enttäuschung oder großer Verwöhnung in Verbindung gebracht[32], der Neid wird dann als Abwehr gesehen, um nicht Gefühle der Enttäuschung und der Trauer darüber akzeptieren zu müssen, daß es Unterschiede zwischen den Menschen gibt, daß man etwas, das man gerne hätte, nicht hat, etwas, das man gerne beherrschen würde, nicht beherrscht.

Gerade diese Gefühle sind aber sehr wichtig im Umgang mit destruktivem Neid: Stehen wir in einer dichten Beziehung zu einem Menschen, dann wird es uns mit Trauer erfüllen, daß wir ihm etwas neiden, daß wir Gefühle der Destruktion haben und diese ja nicht selten in die Tat umsetzen. Sind wir uns dieser Gefühle bewußt und können wir die Reue darüber zulassen, daß wir eben nicht so sind, wie wir gerne wären – ein ganz wesentlicher Akt der Selbstakzeptanz –, dann entwickeln wir Freude an dem, was andere Menschen sind und tun, Dankbarkeit dafür, daß es sie gibt, daß es diese Talente gibt, vielleicht auch ein Gefühl dafür, daß es sinnvoll ist, daß jeder Mensch möglichst viele Talente entwickelt, damit unser Zusammenleben reich ist und wir auch imstande sind zu überleben.

Die Beziehung zur besten Freundin ist anfällig für Neid, Rivalität und Eifersucht. Ihr ist die Frau nah, sie gleicht ihr – als Frau ganz besonders –, mit ihr kann und will sie sich vergleichen – von ihr ist sie aber auch verschieden –, an ihr kann im Spiel von Nähe und Distanz Identifikation und Individuation im Sinne der akzeptierten Unterscheidung vorangetrieben werden.

Die Beziehung zur besten Freundin ist aber auch sehr kostbar. Diese Nähe, diesen emotionalen Austausch, möchte keine so leicht aufs Spiel setzen. Die Freundschaft ist ja gerade ein Ort des Vertrauens, der Selbstwerdung. Die Beziehung zur besten Freundin erlaubt es ja gerade, mehr ich selbst zu sein, zum originären Selbst zu finden. – Und wiederum ist da auch die Bedrohung. Je weniger wir Kontakt haben zum originären Selbst, um so mehr werden wir in Gefahr sein zu neiden. Produktiver Umgang mit Neid ist also dringend angesagt.

Die Situationen der Konkurrenz, die geschildert werden, sind vielfältig: Es geht um das Aussehen der Freundin, um ihr Wesen, um die Beliebtheit bei Männern und bei Frauen, um die vorhandenen oder nicht vorhandenen Kinder, dann aber auch um den beruflichen Erfolg. Das ist besonders bei den Frauen zwischen 25 und 30 zu beobachten, die von diesen Problemen am offensten und ausführlichsten sprechen.

Eifersucht wird erlebt als Eifersucht der Partner auf die Freundin oder die Freundinnen, eigene Eifersucht vor allem auch auf die Freundinnen der besten Freundin usw.

Das Rivalisieren um die Aufmerksamkeit
der Männer

Eine 32jährige Frau sagt dazu:

»*Mit der Freundin, die mir emotional so nah ist, ist das auch immer noch ein Problem. Ich habe das Gefühl, sie ist immer noch eifersüchtig auf meine Männer. Und ich kenne das umgekehrt bei mir auch... auch, wenn wir das gleiche Auge (!) auf einen Mann geworfen hatten, das ist uns schon öfter passiert. Wir hatten oft die gleichen Männer. Ich denke manchmal, das war auch so eine Art, miteinander intim zu sein.*

Ich kenne Konkurrenzgefühle auch in bezug auf die berufliche Entwicklung, also wer was verdient oder so. Aber das ist sehr offen, darüber frotzeln wir dann auch.

Und es gibt auch eine intellektuelle Konkurrenz. Aber das empfinde ich eher als anregend.«

Wenn über das berufliche Rivalisieren miteinander gefrotzelt werden kann und die intellektuelle Konkurrenz etwas Anregendes ist, dann bleiben die Machtkämpfe um die Aufmerksamkeit und die Zuwendung der Männer. Da in der Regel nur eine von beiden den Mann haben kann, kommt es hier unvermeidlich zum Kampf, um so mehr als die beiden Freundinnen ein »gleiches Auge« haben, das sie auf die Männer werfen, ein sehr interessanter Versprecher, der nicht nur anzeigt, daß die beiden die gleichen Männer mögen, sondern auch, daß sie sich wohl sehr sehr nahestehen, sich das Auge – die Sicht der Welt sozusagen – teilen.

Was in ihr abläuft, wenn diese Gefühle von Neid und Rivalität auftreten, schildert eine 31jährige Frau, die zum Zeitpunkt des Interviews in einer Liebesbeziehung stand:

»*Das war früher auch noch stärker als jetzt, daß ich dachte, die Männer gucken immer nur meine Freundin an, oder reden nur mit ihr, oder sie ist die attraktivere. Oder bei einer anderen denke ich, die stellt sich auch wieder in Pose. Wo mir dann auch klar wird, kannst du ja selber machen. Das ist einfach so, daß ich mich manchmal darüber ärgere, wenn Männer der Freundin mehr Aufmerksamkeit schenken. Und ich dann so den Anspruch hab, ich muß dann die Attraktivste sein, und alle sollen mich nett finden.*

Ich hab das manchmal auch ein bißchen bei Klamotten, daß ich denke, eine sieht schicker aus als ich, oder so.«

Die Anmerkung, daß die Frau sich als weniger neidisch als früher erlebt, kann darauf hindeuten, daß sie sich in ihrem Selbstwertgefühl und in ihrer Selbstakzeptanz – auch im Sinne der Akzeptanz von Seiten an sich, die sie nicht so toll findet – im Laufe ihres Lebens stabilisiert hat oder jetzt gerade in einer Phase befindet, in der sie sich besser mit sich zurechtfindet, daher auch weniger neidisch sein muß.

Es scheint im Zusammenhang mit Neid zwei gegenläufige Entwicklungen zu geben: Die einen werden im Laufe ihres Lebens, je mehr sie ihr eigenes Leben leben, je mehr sie sich auch mit ihrer Endlichkeit abfinden – und das heißt nicht nur, daß man sich für sterblich hält, sondern daß man auch sieht, daß trotz aller Bemühungen gewisse Eigentümlichkeiten der Persönlichkeit einfach zu gerade diesem je eigenen Leben gehören –, weniger neidisch, sondern immer mehr auch dankbar dafür, daß so viele Menschen etwas können, machen, teilen usw. Andere, und das sind im wesentlichen die, die sich mit sich selbst nicht einverstanden erklären können und sich von innen her auch nicht mit sich einverstanden erklären dürfen – weil das sozusagen die Bankrotterklärung wäre –, werden immer neidischer, entwerten die Mitmenschen, sind vor allem auch neidisch auf nachfolgende Generationen.

Es könnte auch sein, daß diese Frau es sich wünscht, daß sie nicht mehr so neidisch ist, wie sie einmal war: Neid ist ein außerordentlich quälendes Gefühl, und es ist auch kein Gefühl, das gut akzeptiert ist. Wir wären lieber nicht neidisch, man hat nicht neidisch zu sein. Daß diese Frau allerdings den Neid verdrängt, unterstelle ich ihr nicht, warum sollte sie sonst im nachhinein so präzis von ihrem Neid sprechen. Und vom eigenen Neid differenziert sprechen zu können heißt, ihn zu erkennen und ihn auch zu benennen, eine erste Voraussetzung, um mit ihm produktiv umgehen zu können.

Sehr deutlich wird bei dieser Aussage der Zwang zum Vergleichen, verbunden mit der Größenphantasie: Sie muß die Attraktivste sein, »*alle sollen mich nett finden*«. Mit solchen Größenphantasien verbunden ist die Hoffnung, daß sie dann, wenn sie wüßte, daß sie die Attraktivste, die Netteste ist, sich selbst akzeptieren könnte. Diese Hoffnung erfüllt sich nie, weil diese Menschen es gar nicht glauben könnten, würden andere ihnen zeigen, daß sie wirklich die Attraktivsten sind. Selbstsein heißt, sich mit Ecken und Kanten einverstanden zu erklären, die einen auch ausmachen, nicht hoffen, einmal so ganz und gar großartig zu sein.

Der Neid auf die Freundin zeigt sich auch darin, daß sie die Freundin entwertet: »Die stellt sich auch wieder in Pose«, und ihre Aussage, sie könne ja dasselbe machen, zeigt, daß sie um den Aufforderungscharakter des Neides weiß, das Beneidete selber zu verwirklichen. Davon, wie dieser Neid auf die Freundschaft wirkt, sagt die Frau nichts. Immerhin dauert ihre Beziehung zu ihrer besten Freundin schon etwa acht Jahre – der Neid konnte die Beziehung offenbar nicht zerstören.

Eifersucht auf beruflichen Erfolg

Die Rivalität zeigt sich auch auf der Arbeitsebene:
Eine 27jährige Frau bringt einen handfesten Streit mit ihrer Freundin in Zusammenhang damit, daß sie die Arbeits- und die Beziehungsebene miteinander vermischt hätten und sie deshalb nicht mehr klargekommen seien:

»Und dann auch so alte Dinger, so Geschwisterrivalitäten, also Hanna hatte selber auch drei Geschwister, genau wie ich, und dann dieses Die-anderen-Überrunden, überflügeln wollen, um wahrgenommen zu werden von jemand anders…«

Hier wird die Rivalitätssituation als Wiederholung der Geschwisterrivalität verstanden, wobei es bei dieser speziellen Geschwisterrivalität offenbar darum ging, wahrgenommen zu werden. Das könnte darauf hindeuten, daß die beiden Frauen bei ihrer Arbeit die jeweils andere nicht mehr wahrgenommen haben,

151

nur noch sich selber, daß kein »Wir« mehr entstanden ist in der gemeinsamen Arbeit und daß deshalb das Rivalisieren kein spielerisches mehr war, das die beiden ja auch hätte stimulieren können, zu ihrer vollen Größe aufzulaufen, sondern ein Rivalisieren, das mehr von destruktivem Neid geprägt ist. Die Lösung, die diese Frau für sich parat hat, heißt: Beziehungsebene und Arbeitsebene müssen getrennt werden. Das ist sicher eine Möglichkeit, diesem Problem aus dem Weg zu gehen, um die Beziehungsebene möglichst ungestört zu belassen. Möglicherweise könnten Frauen mit dieser Rivalität auch umgehen, wenn jede in ihrer Stärke wahrgenommen würde.

In einigen Interviews wurde betont, daß Frauen bei der Freundin zu ihrer eigenen Stärke und Schwäche stehen können, sie auch zum Ausdruck bringen dürfen, und das heißt auch darin wahrgenommen werden. Mir scheint es ein Problem von Frauen zu sein, daß sie in ihrer Kindheit oft auf der Leistungsebene zu wenig wahrgenommen worden sind, im Gegensatz zu den Knaben, bei denen Leistungen wahrgenommen und gewertet werden. Vielleicht hat sich das unterdessen geändert, aber mir scheint, daß man heute noch vielen Frauen ihre Leistungen »lieb« machen muß, ihnen verstärkend zeigen muß, daß sie etwas geleistet haben, daß sie auch etwas leisten dürfen, daß sie Stärken haben, nicht nur, daß sie schön, lieb und nett sind. Und wo könnte das besser geschehen als in den Freundschaftsbeziehungen, in denen Gefühle der Konkurrenz zusammen mit starken Gefühlen der Verbundenheit auftreten, wodurch die Konkurrenz entweder etwas neutralisiert wird oder aber zum Bruch der Freundschaft führt? Gerade im unbändigen Willen, zu einer eigenen originären Identität zu finden, sich frühzeitig abzugrenzen gegen die

Freundin, könnte die Gefahr lauern, daß durch ein zu starkes Pochen auf Gesehenwerden die Grundlage für diese »Arbeitsidentität«, das einander Bewußtmachen der Stärken, gerade geopfert würde. Bei allem bewußten Umgehen mit Rivalität gehört es auch zu einer nahen Beziehung zu einer Freundin, daß auch einmal destruktives Rivalisieren stattfindet – sozusagen als eine Schattenposition in dieser Beziehung. Und wenn die Beziehung eigentlich eine tragfähige ist, dann kann auch die Trauer darüber, daß die beiden in gewissen Situationen einfach unqualifiziert rivalisieren, ausgehalten werden – und im besseren Fall können sie sich darüber austauschen und vielleicht auch etwas verändern.

Eine 28jährige Frau sagt zu diesem Thema:

»Was ich in letzter Zeit verstärkt schwierig finde, auch was früher irgendwie nicht so da war, das ist, daß ich auch mit Neid und Konkurrenzgeschichten zu tun habe. Wir gehen halt alle in eine ähnliche berufliche Richtung, und da gucke ich immer so ein bißchen, wie kommen die anderen voran. Welche Praktikumsplätze gibt es da und welche Aussichten, was fällt denen auch zu, und kriege ich auch so viel? Das gefällt mir nicht so besonders, aber irgendwo ist es trotzdem da. Gerade in bezug auf das Studium. Ich versuche auch nicht unbedingt, Seminare zusammen zu machen, weil das dann kollidiert. In bezug auf Männer haben wir diese Probleme allerdings nicht. Es betrifft schon das Studium.«

Dieser Frau gefällt es nicht so besonders, daß sie mit neidischem Blick die Fortschritte und Möglichkeiten der anderen im Studium beäugt – aber Neid, Rivalität ist da. Auch sie versucht, dem Problem aus dem Weg zu gehen, indem sie möglichst Situationen vermeidet, die diesem Neid Futter geben könnten.

Daß Neid vermehrt auftritt, kann bedeuten, daß diese Frau bewußter mit Neid reagiert, mit ihrem Argwohn, weniger zu kriegen als die anderen. Es kann aber auch bedeuten, daß sie mit den Freundinnen, mit denen sie zusammen studiert, in eine neue Phase der Beziehung getreten ist. Kierkegaard unterschied im Leben der Völker zwischen »leidenschaftlichen Zeiten«, in denen die Begeisterung als einigendes Prinzip wirkt, und »leidenschaftslosen, stark reflektierten Zeiten«, in denen der Neid das einigende Prinzip ist[33]. Das leuchtet ein: Begeisterung vermittelt uns Menschen ein fraglos gutes Selbstwertgefühl, eine Selbstgewißheit in der Selbstvergessenheit, ein Gefühl der Fülle und des Reichtums. Fraglos ist man mit sich einverstanden und sehr deutlich auch bereit, sich mit anderen Menschen zu verbinden. Freude, Begeisterung sind die Grundlagen für Gefühle und Haltungen der Solidarität[34]. Wenn wir mit uns selbst einverstanden sind, dann ist kein Grund da für Neid. Dann haben wir nicht den Eindruck, zu kurz zu kommen, wir haben in solchen Situationen dann »genug«, und dann darf jeder andere, jede andere, auch genug haben.

Leidenschaftliche Zeiten und leidenschaftslose, stark reflektierte Zeiten folgen sich auch in Beziehungen, bei Gruppenbildungen, wahrscheinlich sogar im Leben des einzelnen. Dieser Wechsel entspricht dem Wechsel von mehr symbiotischen Phasen mit Phasen, in denen mehr die Individuation betont wird. Phasen der Individuation wären also auch Phasen, in denen das Problem von Neid und Rivalität akuter ist, diese verstanden als dringlich erlebter Individuationsanreiz.

Vom konstruktiven Umgang mit dem Neid

Daß in Gefühlen von Neid und Rivalität sich die Notwendigkeit zur Entwicklung verbirgt, zeigt sich besonders dort, wo konstruktiv mit Neid umgegangen wird, wo das Rivalisieren auch nicht einfach vermieden wird.

Eine 32jährige Frau sagt dazu:

»Konkurrenz im üblichen Sinn, in bezug auf Männer oder ähnliches, das ist für uns kein Thema. Was schon mal untergründig dagewesen ist, ist so Konkurrenz im Bewußtseinsstand, in der Entwicklung des Bewußtseinsstandes. Da denke ich schon, daß wir uns gegenseitig angetrieben haben; also bei der persönlichen Entwicklung auch immer so wechselseitiges Vorbild waren. Ich sehe bei ihr, daß sie mir in manchen Dingen schon Schritte voraus ist. Und dann setzt bei mir schon so etwas ein, daß ich mich frage, warum ich mir noch keine Gedanken darüber gemacht habe, und ich denke, umgekehrt geht ihr das genauso. Ich erlebe das auch nicht als negativ. Das ist irgendwie ein gesundes Nacheifern, oder was auch immer. Konkurrenz in dem Sinne, es der anderen gleichzutun, aber ohne dieses Feindbild dabei.«

Hier wird von Rivalisieren in eigentlichem Sinn gesprochen, sich gegenseitig anspornen zu etwas, das beiden wichtig und beiden auch möglich ist. Es ist geradezu das Wesen des konstruktiven Umgangs mit der Rivalität, daß die Rivalin eben keine Feindin ist, sondern eine Herausforderin. Interessant ist hier auch der Gegenstand der Konkurrenz.

Gegenstand der Konkurrenz ist, generalisierend

gesprochen, immer etwas, das für einen selbst einen großen Wert darstellt, wenn wir es nicht mit einem Menschen zu tun haben, der durch und durch neidisch ist, auf alles und jeden und jede.

Der Wert hier ist nicht mehr, den Männern zu gefallen, sondern bewußter zu werden, und das heißt wohl auch, mehr an Identität zu gewinnen.

Weiter ist auffallend, wie die Frau betont, daß sie dieses Konkurrieren nicht als negativ erlebt, als wäre es ein Muß, Neid und Rivalität als negativ, das heißt als etwas Abzulehnendes, und das meint meistens auch als etwas zu Verdrängendes, zu sehen. Um mit Neid und Rivalität aber konstruktiv umgehen zu können, müssen auch diese Emotionen in ihrem Sinn und ihrer Daseinsberechtigung verstanden werden.

Eine 34jährige Frau sagt:

»*Aber wir haben irgendwann mal festgestellt, daß Neid eigentlich gar nichts Negatives sein muß, sondern sie mich beneidet um Dinge, die sie nicht hat, und ich sie beneide um Sachen, die sie kann… Aber das ist irgendwie ein belebendes Element bei uns. Also, das würde ich sagen, ist die Qualität der Freundschaft. Es ist jetzt nicht so, daß ich ständig denke, die hat das und ich hab das nicht, und umgekehrt ist es bei ihr auch nicht, sondern es ist irgendwie etwas Schönes…*

Das war am Anfang so, daß ich sie bewundert habe… sie ist irgendwie so ein Universalgenie. Und sie sagte dann auch mal zu mir: ›Das könntest du alles auch, wenn du wolltest…‹ Und da sagte sie auch: ›Ich beneide dich um deine innere Ruhe und um das, was du in deinem Leben geschafft hast.‹ Also das war so, daß wir einfach ganz klar und offen miteinander darüber geredet haben.«

Voraussetzung, um konstruktiv mit Neid umgehen zu können, ist, wie hier ausgedrückt, die Erkenntnis, daß Neid nichts Negatives sein muß – er kann durchaus etwas sehr Negatives sein –, nämlich dann nicht, wenn er ausgesprochen werden kann. Dann wird er zu einem belebenden Element, dann sind sich die Freundinnen Herausforderung zu mehr Individuation – wobei es nicht nur, wie hier, darum geht, daß die eine entwickelt, was die andere hat, darum kann es aber auch gehen. Es ist immer sinnvoll, dort, wo wir neiden, uns zu fragen, ob wir vielleicht nicht selber diese Eigenschaften auch haben, sie nur nicht leben.

Aber gelegentlich neiden wir auch einfach, weil wir grundsätzlich zu wenig aus unserem Leben machen. Der Neid ist dann meistens auch ein recht unqualifizierter, der sich auf fast alle Menschen und fast alle Leistungen erstrecken kann. Zu meinen, man müßte dies alles dann realisieren, wäre doch auch wieder eine große Überforderung.

»*Es ist die Qualität der Freundschaft*«, sagt diese Frau, die bewirkt, daß Neid nicht zu destruktivem Neid führt, sondern daß konstruktiv mit dem Neid umgegangen werden kann. Qualität der Freundschaft, die eben auch bewirkt, daß die beiden Frauen sich ihrer Stärken bewußt sein können.

Es gibt verschiedene Belege dafür, daß in der Beziehung zur besten Freundin oder zu den besten Freundinnen wirklich eher konstruktiver als destruktiver Neid erlebt wird, daß es also wirklich die Qualität dieser Art von Freundschaft ist, die bewirkt, daß eher konstruktiv mit Neid umgegangen werden kann. Ich stelle mir dabei vor, daß es durchaus auch Emotionen von destruktivem Neid gibt, daß die aber nicht zur direkten Aktion der Zerstörung und Entwertung führen, sondern zum Aushalten dieses Neides, weil ja die Liebe, die auch da ist, die Zerstörungswut in Grenzen hält.

Als Beleg dafür die Anmerkung einer 34jährigen Frau:

»Ja, wenn die irgendwas schaffen, was ich auch gerne schaffen würde, dann (...) weiß ich nicht, ob das Neid ist, vielleicht schon. Dann kommt bei mir so: ›Scheiße, möchtest du auch gerne schaffen...‹ Aber es ist nicht so, daß ich ihr jetzt das übelnehme. Ich beneide sie schon drum, aber mißgönne es ihr nicht.«

Diese feine Unterscheidung zwischen Neid und Mißgunst zeigt deutlich, daß es nicht um eine destruktive Form von Neid geht. Die Frau erwähnt immerhin, daß sie es ihrer Freundin nicht übelnimmt, ein Zeichen dafür, daß sie immerhin daran denkt, daß sie übelnehmen könnte, daß sie sich aber davon distanziert, weil diese Gefühle der Verbundenheit da sind.

Es stellt sich also auch im nachhinein die Frage, ob die vier Frauen, die sagen, sie hätten ihre Freundin als Freundin, weil bei ihr eben keine Konkurrenz auftritt, meinen, daß es die Qualität der nahen Freundschaft ist, die es ermöglicht, daß destruktiver Neid in konstruktive Rivalität überführt werden kann, oder ob sie eher Rivalität einfach verdrängen.

Ich meine aber eher, daß das erstere zutrifft.

So sagt eine 35jährige Frau:

»Ich glaube, daß ich mir Frauen für Freundschaften suche, die auch versuchen, Konkurrenz nicht aufkommen zu lassen. Vielleicht ist das schon manchmal da, aber es tritt nicht so in den Vordergrund. Mir *ist die Freundschaft zu den Frauen auch wichtiger, als irgendwo die erste Geige zu spielen.«*

In dieser Aussage kommt noch einmal zum Ausdruck, daß Konkurrenzdenken mit dem Wir-Gefühl der Freundschaft in Konkurrenz geraten kann, und für diese Frau – und ich meine, das gilt für alle nahen Beziehungen, die nicht in eine sadomasochistische Kollusion abgleiten[35], in der es darum geht, einander zu quälen und zu leiden – ist der Anreiz zum »Wir« größer als der, erste Geige spielen zu wollen. Es ist hier aber auch eine weitere ganz wichtige Aussage gemacht worden: Konstruktiv rivalisieren kann man nur dann, wenn man nicht ständig die erste Geige spielen will, wenn es also keine festgeschriebenen Herrschaftsansprüche gibt, wo immer derselbe oder dieselbe die erste Geige spielt.

Die Eifersucht als Falle

Das Thema Eifersucht ist nicht zu trennen von der Problematik, die sich ergibt, wenn Frauen gleichzeitig eine nahe Beziehung zu einer Freundin und zu einem Partner haben.

Dabei gibt es sehr verschiedene mögliche Eifersuchtsszenarien. Am häufigsten, in 34 Interviews, wird entweder offen oder verdeckt darauf hingewiesen, daß der Freund auf die Freundin eifersüchtig ist. Verdeckt meint, daß etwa ein Satz fällt wie »da mein Partner eifersüchtig war« oder »da mein Partner meine eine Freundin nicht mochte, wurden dann die Kontakte weniger«.

Aber es gibt auch eine Eifersucht auf den Mann der Freundin, auf die Freundin der Freundin usw.

Direkt angesprochen wird dieses Thema vom eifersüchtigen Partner, aber auch von der Schwierigkeit, zwei gleichwertige Beziehungen nebeneinander zu leben, von einer 35jährigen verheirateten Frau:

»*Es wird einfach zum Problem, wenn meine Freundin da ist. Ich meine, im Prinzip verstehen die sich ganz gut, aber es geht dann drei Tage gut, bis wir dann vielleicht irgendwohin gehen und er dann auch eifersüchtig wird, speziell dann natürlich bei Alba, und wir dann natürlich ganz anders zusammenglucken als ich jemals mit ihm. Und ich meine, das ist natürlich so unter Frauen, weil da das Emotionale stärker reinkommt, und es ist auch ein bißchen so eine Freundschaft (...), weißte so, mit morgens zusammen im Bett kuscheln, da geht ihm natürlich schon der Hut hoch. Das ist vielleicht auch nachvollziehbar. Oder wenn wir so rumgakkern oder uns über Dinge unterhalten, die er absolut nicht versteht, solche Geschichten, also da gibt es dann schon Eifersüchteleien. Oder wenn wir dann abends telefonieren und er zwanzigmal ins Zimmer kommt und ich in mein Zimmer gehe mit dem Telefon und er sich dann völlig genervt zeigt – also solche Sachen treten dann schon auf, und wo ich mich dann tierisch abgrenzen muß, nach außen hin zumindest auch so tue, aber innerlich auch schon selber merke, ich habe ein komisches Gefühl dabei. Also ich finde es für mich wichtig, den Kontakt auch zu haben, wenn Klaus da ist, denn für mich sind das nicht irgendwelche Ersatzgeschichten, sondern es sind ganz selbständige Sachen, trotzdem ist so ein innerliches Gefühl auch da, es eigentlich nicht zu dürfen, da ist dann so ein komisches Ziehen im Bauch: einerseits Ärger, daß er sich das Recht nimmt, mich da in irgendeiner Weise einzuschränken, aber auch so, daß ich als gute Ehefrau und Mutter, wenn er schon mal da ist, dann auch da zu sein habe, und das merke ich dann, was mich dann nur noch knatschiger macht, und dann ist der dicke Ärger da.«*

Der Mann wird eifersüchtig, wenn er sich ausgeschlossen fühlt. Ob ihm die Frau das Gefühl vermitteln kann, daß er auch wichtig ist, ist aus dem Interview nicht herauszulesen. Dieser Mann reagiert auf seine Eifersucht offenbar so, daß er versucht, die Frau einzuschränken. Sie wiederum hat darauf eine doppelte Reaktion: Einerseits grenzt sie sich ab, tut so, als wäre alles in bester Ordnung, andererseits scheint sie auch Schuldgefühle zu haben, neben dem Ärger, daß ihr Partner sie zu beschränken versucht – zu gelingen scheint es ihm ja nicht. Zwei Modelle eines Frauenlebens streiten sich in dieser Frau: Die nahe Beziehung zur besten Freundin und die Beziehung zu ihrem Partner sollen miteinander vereinbar sein, nicht hintereinander, sondern auch wirklich parallel, als zwei verschiedene wichtige Beziehungen. Das alte Frauenmodell, bei dem die Frau nur die Gefährtin des Mannes sein soll, steht in einem spannungsvollen Verhältnis dazu. Das ist normal; Rollen, die lange gegolten haben, beeinflussen uns aus dem Unbewußten, auch wenn wir sie für uns als ungültig erklärt haben. Sie werden sozusagen zu einer Schattenposition, die nicht von einem Tag auf den anderen verschwindet, und es ist weiser, damit zu rechnen, als zu meinen, »das« hätte man alles schon längst hinter sich gelassen.

Direkt angesprochen wird der Konflikt zwischen den Beziehungen zum Freund und der Freundin auch von einer 26jährigen Frau:

> *...und ich dachte noch 'ne Weile, das ist irgendwie vereinbar, also ich kann mit Birgit eine intensive Beziehung haben und mit Achim auch. Das sind ja zwei verschiedenen Bereiche, so habe ich mich dann immer versucht zu arrangieren und versucht, das Alte und das Neue unter einen Hut zu kriegen. Das hat sich dann irgendwann herausgestellt, daß es einfach nicht ging, es war unmöglich, Achim war wahnsinnig eifersüchtig, ja, ist ja klar, (...) und dann kam es halt auch zum Knall.*

– Wobei diese Frau nicht die Beziehung zur Freundin geopfert hat, sondern die zum Freund. Das ist allerdings eine seltene Ausnahme.

Eine 26jährige Frau antwortet auf die Frage, ob sie mit ihrer Freundin zusammenwohnen möchte:

> *Ja, obwohl, ich denke, es könnten dann doch Probleme auftauchen, (...) das wäre dann ja doch so, daß wir viel mehr Zeit füreinander hätten, wir müßten uns viel mehr aufeinander einlassen, und da gäb's dann vielleicht doch so ne Sache von Eifersucht, (...) die Freundin würde ich dann vielleicht auch teilweise über die Beziehung stellen. Es käme dann vielleicht auch so was wie: ›Bin ich dir jetzt wirklich so wichtig, dann stelle jetzt vielleicht auch einmal deine Beziehung in den Hintergrund, weil ich dich brauche...‹.*

Angst vor der Eifersucht der Freundin scheint auf, Angst davor, daß die Zeit zwischen »Freundin« und

»Beziehung« nicht mehr gut aufgeteilt werden könnte und sie dazu stehen müßte, daß die Beziehung zur Freundin eben auch eine verpflichtende Beziehung ist.

Es wird in diesen Interviews sehr deutlich, daß die Mehrzahl der Frauen versuchen will, die Beziehung zur Freundin und die Beziehung zum Partner als zwei Formen der Beziehung zu leben, daß die Tendenz, die Freundin zu verlassen wegen eines Mannes, bei einzelnen Frauen zwar vorhanden ist – zum Teil auch als Erinnerung an ihre Haltung als sehr junge Frau genannt wird –, aber nur noch selten einfach hingenommen wird.

Es wird aber auch deutlich, daß es für die meisten Frauen schwierig zu sein scheint, diese beiden Beziehungsformen – was unter Umständen durchaus bedeutet, in drei bis vier intensiven Beziehungen zu stehen, wobei die Beziehung zu den Kindern als zusätzliche Beziehung kaum erwähnt wurde – nebeneinander zu leben.

So sagt eine 26jährige Frau:

»Für mich ist es auch so, daß ich schlecht mit meinem Freund und Helen gleichzeitig zusammensein kann. Ich habe dann das Gefühl, daß ich mich nicht auf beide gleichzeitig so einlassen kann. Und dann ist es oft so, daß ich einer Person näher bin und dann irgendwie damit nicht klarkomme. Ich denke, das liegt daran, weil es beides so intensive Beziehungen sind.«

Die Schwierigkeiten dieser Frau liegen vor allem auch darin begründet, daß sie sich offenbar mit beiden so einlassen will, als wenn sie mit ihnen allein wäre. Eine Zweierbeziehung ist aber immer etwas anderes als eine Dreierbeziehung, die in sich eine andere Dynamik hat und die zudem oft von unterschwelligen Eifersuchtsgefühlen auf der einen Seite und Schuldgefühlen auf der anderen Seite begleitet ist. In dieser Aussage scheint mir aber auch mitzuschwingen, daß die Frau das Gefühl hat, daß sie sich nicht mit zwei Menschen intensiv einlassen kann und darf.

An sich ist es eigentümlich, daß wir so felsenfest überzeugt davon sind, daß eine intensive Beziehung eigentlich nur zu einem Menschen möglich sei, daß diese dafür exklusiv, ausschließlich zu sein habe und auch alle Bedürfnisse eines Menschen abzudecken imstande sein müsse. Wir wissen aus der Lebenserfahrung heraus, daß das nie möglich ist, sind aber doch immer wieder enttäuscht, daß es nicht geht. Betrachten wir unseren Lebensgang, dann stellen wir fest, daß wir in der Regel Mutter und Vater geliebt haben und in irgendeiner Weise weiter lieben, oder in einer Beziehung oder Nicht-Beziehung zu ihnen stehen, daß wir auch unsere Geschwister geliebt haben – und das nicht nacheinander, sondern gleichzeitig. Gewiß, wir haben wahrscheinlich immer einmal einige Menschen aus der Familie oder auch aus der Nachbarschaft mehr geliebt, andere waren uns gleichgültiger, aber es gab immer einige wichtigste Menschen.

Die ausschließliche und ausschließende Liebesbeziehung könnte ein Rückgriff sein auf die Phase im Leben eines Menschen, in der die totale Befriedigung von einer Person kam, in der Regel von der Mutter. Es könnte aber auch sein, daß diese totale Aufmerksamkeit und Befriedigung eben nicht kam und sich auch so gar nicht ereignen kann in einem menschlichen Leben oder nur punktuell, und daß man darum in späteren Liebesbeziehungen immer noch hofft, diese totale Aufmerksamkeit, Liebe, Akzeptanz von einem Menschen zu bekommen. Je zwanghafter der Ausschließlichkeitsanspruch gehandhabt wird, um so eher, denke ich, soll die Liebesbeziehung dazu da sein, einen früheren Mangel zu beheben. Sie tut es aber höchstens vorübergehend, wenn überhaupt. Wenn dem so ist, daß unser Exklusivanspruch mit der frühen ausschließlichen Beziehung zu einer Person zu tun hat, könnte sich diese Überzeugung verändern, wenn die Generation der Kinder heranwächst, die schon in den ersten Lebenstagen eine intensive Beziehung auch zum Vater eingehen kann.

Dieser Anspruch auf Ausschließlichkeit könnte aber auch aus dem Wesen der Liebesbeziehung erwachsen: Wenn wir uns verlieben, dann fühlen wir uns miteinander eins, ganz, glücklich. Diese Gefühle stammen daher, daß in unserer Psyche durch die Begegnung mit einem anderen Menschen tiefverschwiegene Bilder einer zukünftigen möglichen Persönlichkeit angesprochen werden. Wir sehen dann den anderen Menschen in seinen besten, noch verschwiegenen Lebensmöglichkeiten, aber auch uns selbst – und das gleiche geschieht auch dem Partner. Ein Beziehungsselbst wird erlebt, das uns ungeheuer fasziniert und uns auch ein Gefühl von Ganzheit, Ewigkeit und Glück gibt. Aus diesem Erleben heraus kommen auch unsere Ideen, daß diese Liebe »ewig« dauern werde, alle die Treueschwüre, die zu diesem Zeitpunkt nichts kosten, haben mit diesem Erlebnis zu tun. Zu diesem Zeitpunkt brauchen wir auch keine anderen Menschen, keine anderen Beziehungen – diese eine füllt uns aus, erfüllt uns eben ganz. Aber das ist kein Zustand, der andauert. Wird dieses

Beziehungsselbst im Alltag realisiert, dann fällt bald auf, daß Vision und Realisation zwei Ebenen der Beziehung darstellen und daß es durchaus sinnvoll ist, die beiden Ebenen nebeneinander zu sehen und zu leben, und nicht von sich zu verlangen, daß die Vision voll realisiert wird. Das ist nicht der Sinn der Vision, die Vision hat den Sinn, einem Paar immer wieder in Erinnerung zu rufen, daß diese Bilder des Anfangs, diese Phantasien, mit diesem Partner oder dieser Partnerin möglich waren, verbunden mit den Gefühlen von Ganzheit und Glück, und daß es immer auch wieder möglich ist, solche oder ähnliche Bilder durch die Beziehung zu diesem Partner oder dieser Partnerin neu zu beleben. Wie ich oben ausgeführt habe, gehört auch zu jeder Beziehung, und das gilt besonders für die Liebesbeziehung, daß das Erleben des Beziehungsselbst Anregung zu Entwicklung gibt. Die Folge davon ist, daß immer wieder auch das individuelle Selbst in den Vordergrund tritt. Das sind Phasen, in denen die eigenen Lebensthemen, die eigenen Lebensnotwendigkeiten mehr beachtet werden müssen[36].

Aus diesem Erleben des Beziehungsselbst und den damit verbundenen Gefühlen der Verliebtheit scheint mir ebenfalls dieser Exklusivanspruch zu kommen, er wird dadurch aber nicht legitimiert. Denn in verschiedenen Beziehungen können verschiedene Aspekte des Beziehungsselbst konstelliert werden, die eine Beziehung kann nicht gegen die andere ausgespielt werden. Und wenn auch vielleicht in Zeiten, in denen die Besinnung auf das eigene Selbst erfolgt, die Beziehung zu Menschen des eigenen Geschlechtes im Vordergrund steht, so ist das kein Grund, immer nur eine Beziehung zu leben.

Und dann könnte es auch sein, daß diese Exklusivität auch damit zu tun hat, daß wir doch oft einander »haben« wollen, nicht so sehr miteinander das Leben gestalten, sondern einander »haben«. Und »haben« tut man etwas natürlich nur, wenn es einem gehört, ganz, wenn man nicht zu teilen braucht.

Es gibt also genug Gründe, sich damit auseinanderzusetzen, warum es uns so schwer fällt, verschiedene Beziehungen nebeneinander bestehen zu lassen, zu leben und zu genießen in ihrer jeweiligen Eigenart.

Das Erlebnis der eigenen Eifersucht, wenn es der Freundin nicht gelingt, die beiden Beziehungen zu leben, und dadurch die Beziehung zur Freundin an Bedeutung verliert, beschreibt eine 28jährige:

»Eifersucht gibt es immer. Ich bin eifersüchtiger auf einen Mann als auf eine Frau. Weil meine Erfahrung so ist, daß Frauenbeziehungen irgendwie mehr Gleichwertigkeit haben untereinander. Und ich merke auch, wenn eine 'ne Beziehung zu einem Mann hat, daß das dann immer so eine Priorität kriegt. Und daß die Freundin dann so nebenbei läuft.«

Plötzlich an Bedeutung zu verlieren ist immer ein schmerzlicher Verlust, und Eifersuchtsgefühle sind dann am erträglichsten, wenn der Mensch, der sich in eine neue Beziehung begibt, nicht die bestehenden Beziehungen entwertet, sondern deutlich macht, daß da noch etwas dazugekommen ist, daß aber in den Gefühlen zu den ursprünglichen Beziehungspersonen sich nichts verändert hat. Das sind selten Informationen, die ausgesprochen werden, sondern es sind Erfahrungen, die gemacht werden. Haben wir plötzlich das Gefühl, unter »ferner liefen« zu figurieren, nachdem wir bisher gerade ein sehr wichtiger Mensch für eine Freundin waren, dann werden wir uns zurückgestoßen vorkommen, entwertet. Und darauf reagieren wir mit Wut, mit Neid auf den Menschen, dem es gelungen ist, mehr Aufmerksamkeit zu bekommen. Es ist besonders auffallend, daß gerade in den Beziehungen zur besten Freundin es so oft vorkommt, daß die Freundin zwar unendlich wichtig ist, kaum ist aber eine »Beziehung« in Sicht, dann verliert sie schlagartig an Wichtigkeit. Die Beziehung zur Freundin – im Vorzimmer zur richtigen Beziehung, als Notgemeinschaft, bis die »richtige« Gemeinschaft kommt?

So sagt etwa eine 23jährige Frau:

»Früher war das für mich wichtig, daß sie an erster Stelle kam. Heute ist es so, wir leben beide unser Leben, wissen aber, daß wir uns aufeinander verlassen und aufeinander stützen können. Für mich ist es im Moment wichtiger, meine eigene Beziehung zu meinem Freund zu leben. Die würde ich auch nicht gleichsetzen oder unter Carola stufen, da ist mir mein Freund wichtiger. Aber dennoch weiß ich, ich habe jemanden, falls was ist; in petto ist sie ja noch da.«

Die Freundin also, nachdem sie deutlich ins zweite Glied verwiesen wird, als Beziehungsversicherung für die schlechteren Tage? Ob die Freundin das so akzeptiert? Diese junge Frau hat das Problem mit den Wertigkeiten der Beziehung so gelöst, daß der Mann eindeutig im Vordergrund steht, die Beziehung zur Freundin, denkt sie, kann auch diese Zurückstufung in der Bedeutung verkraften – sie holt sich den Selbstwert aus der Beziehung zum Mann.

So wird die Beziehung zur besten Freundin wohl noch oft gesehen und auch behandelt – es sei doch normal, daß die Beziehung zu einem gegengeschlechtlichen Partner die Beziehung zur Freundin zumindest in großen Teilen ablöse –, die Werte, die aber in einer solchen Beziehung zur besten Freundin stecken, sprechen eine andere Sprache. Die Beziehung zur besten Freundin ist und bleibt ein Ort größter emotionaler Unterstützung und größten Anreizes zur Selbstwerdung, zur Entwicklung des originären Selbst.

Damit ist ein Hauptproblem in der Beziehung der besten Freundinnen angesprochen, und immerhin wird darüber nachgedacht. So sagt eine 27jährige Frau:

»Wieso kann so ein Mann so eine Frauenfreundschaft auseinanderbringen, also das konnte ich überhaupt nicht begreifen, weil ja – und das ist auch wirklich so – ich so meine Kraft eigentlich aus der Beziehung zu meiner Freundin hole und nicht bei einem Mann, obwohl mir der Mann natürlich auch sehr wichtig ist, aber die Kraft hole ich aus der Frauenfreundschaft. Ja, und dann kommt da ein Mann, und es wird sooo schwierig.«

Und eine 25jährige Frau sagt dazu:

»...irgendwie so das Gefühl, jetzt ist ihr der Mann doch wichtiger. Und der Ärger darüber, weil vom Anspruch her sagen wir einfach, eigentlich wollen wir das nicht so. Und wenn so ein Gefühl da ist, dann kommt auch Verletztsein und auch Wut. Oder

169

einfach auch (…) ja, daß da einfach so eine Grenze gezogen wird. Die Freundinnen, die sind halt für alles da, und denen erzählste jeden Mist, bei denen geht es dann nur bis zu einem bestimmten Punkt, da ist die Grenze, und bei einem Typ, der hat dann doch wieder irgendwie Priorität.«

Auf die Frage, ob der Typ wirklich Priorität habe, kommt eine Erklärung:

»Na ja, wahrscheinlich denken wir, der ist irgendwie wichtiger, aber wahrscheinlich ist es einfach die Sache, weil da halt noch mal eine andere Ebene ist, die du mit dem Typ teilst, also Sexualität.«

Ärger, Verletztsein, Wut, weil ein anderer Mensch nicht einfach wichtig, sondern wichtiger wird: alles Elemente der Eifersucht, von der aber wenig deutlich wird, ob und wie sie ausgetragen wird. Mir kommt diese Eifersucht, im Gegensatz zur erotischen Eifersucht bei gegengeschlechtlichen Partnern, wo doch gekämpft, gewütet, getobt wird, im besten Fall auch da der Anreiz zur Entwicklung aufgenommen wird, so seltsam resigniert vor. Hat die Freundin ein Recht auf Eifersucht? Dieses Thema bleibt im Hintergrund, ausgedrückt wird aber das grundlegende Dilemma: Geteilt wird fast alles mit der Freundin, und dann kommt einer und ist plötzlich wichtiger.

Dieses Dilemma scheint aber zumindest den Freundinnen, die hier angesprochen sind, bewußt als Problem aufzuscheinen, auch Ärger auszulösen, wenn dies offenbar immer wieder geschieht. Ein solches Verhalten kann auch zum Bruch der Freundschaft führen, da wird dann eben eine Grenze gezogen.

Die Erklärung für dieses an sich unerklärliche Verhalten: die Sexualität. Nicht einmal die Faszination der Liebe – sondern die Sexualität.

Daß wir in einer Gesellschaft leben, in der die Männer immer noch wichtiger sind als die Frauen und diese Bedeutung ihnen von den Frauen auch immer noch zugesprochen wird, indem sie ihnen diese Dominanz auch zugestehen, weil es halt allemal auch als attraktiver gilt, Freundin eines Mannes als Freundin einer Frau zu sein, erwähnt keine der Frauen ausdrücklich.

Immerhin sagt eine 28jährige:

»Und ich frage mich schon, warum ich, die ich mich bei einer Frau viel eher und tiefer fallenlassen kann als bei einem Mann, trotzdem aber eine Liebesbeziehung zu einem Mann habe und nicht zu einer Frau. Die Frage stelle ich mir selber ganz oft. Also, was Sex anbelangt, daß wir da mehr zu Männern hin tendieren, oder auch kraß gesagt, den Sex mit den Männern leben, aber die tieferen Beziehungen zu den Frauen haben. Ich glaube, das hat viel mit Sozialisationsgeschichten zu tun, also diese Angst.«

Falls die Beziehungsgeschichten wirklich so aufgeteilt würden, wie sie in diesem Interviewteil hier kraß zum Ausdruck kommen, dann stellt sich natürlich die Frage, ob hier die gesellschaftliche Norm nicht zu einem ungeheuren Druck geworden ist[37]. Es gehört auch zu unserem Erleben von Identität, daß wir uns gut fühlen, wenn wir in Übereinstimmung mit allgemeinen gesellschaftlichen Normen leben. Diese Normen können aber auch zu einem ungeheuren Druck werden, besonders wenn sie auch dahingehend verstanden werden, daß kein Spielraum für eigene Bedürfnisse gelassen wird. Auch das ist wiederum eine Frage des Selbstwertes: Wer sich seiner Identität und seines Selbstwertes bewußt ist, kann es auch ertragen, sich die Frage zu stellen, welche Formen der Beziehungen die stimmigsten sind für das eigene Leben; wer ein schlechteres Selbstwertgefühl hat, wird zunächst einmal leben, was Norm ist, was normal ist.

Auch hier haben wir es mit einer Folge der abgeleiteten Identität zu tun: Wer eine abgeleitete Identität hat, wird dem Normendruck und dem Druck einer Normalitätserwartung noch viel deutlicher ausgesetzt sein als Frauen, die eine eigene Identität haben.

Und dann gibt es noch eine alltägliche Form von Eifersucht: Eine 50jährige Frau antwortet auf die Frage, ob sie das Problem der Konkurrenz kenne:

»Oh ja, gerade bei dieser Sache mit meinem ersten Mann. Sie (meine Freundin) war damals auch genau sein Typ, und da war ich schon manchmal sauer. Heute ist das nicht mehr so. Da hab ich auch inzwischen mehr Selbstbewußtsein.«

Eifersüchtig auf den Mann oder auf die Freundin, die Freundin als Rivalin um denselben Mann. In einer normalen Eifersuchtsbeziehung – so Freud[38] – könne man die gleichgeschlechtlichen Anteile entwickeln, beschäftige sich doch der oder die Eifersüchtige meistens mit dem gleichgeschlechtlichen Rivalen in der Phantasie. Das ist ein sehr wertvoller Gedanke zum Verständnis eines Aspekts der Eifersucht und gibt auch einen Hinweis, wie man konstruktiv mit Eifersucht umgehen könnte, indem man nämlich die Seiten in sich entwickelt, die im Rivalen oder in der Rivalin verkörpert sind. Auch würde dann Eifersucht geradezu darauf hinweisen, daß wir uns nicht nur für Beziehungen zum anderen Geschlecht interessieren, sondern auch für Beziehungen zum eigenen Geschlecht. Die ganze Eifersucht erklärt die These von Freud aber nicht, denn auch gleichgeschlechtliche Paare kennen das Problem der Eifersucht.

Auffallend ist, daß in den Interviews kaum beschrieben wurde, wie sich Eifersucht denn eigentlich anfühlt. Die Eifersucht ist ja auch eine geheimnisvolle Emotion, die vielleicht wirklich am meisten damit zu tun hat, daß wir uns in fast süchtiger Weise mit der Kränkung auseinandersetzen, nicht der einzige interessante Mensch im Leben eines anderen zu sein und wir einen anderen Menschen nicht so ganz und gar auszufüllen vermögen. Es würde womöglich genügen, wenn wir uns selbst ganz und gar auszufüllen vermöchten, vielleicht wären wir dann außerordentlich anregende Liebespartnerinnen und Liebespartner, Beziehungspartnerinnen und Beziehungspartner.

Auch wurde sehr wenig deutlich, wie denn eigentlich mit der Enttäuschung, der Wut, dem Ärger umgegangen wurde. Wie ich schon erwähnt hatte, scheint es mir wenig Kampf gegeben zu haben, eher Rückzug, Abgrenzung – und dies, weil unterschwellig die Vorstellung herrscht, daß »das« einfach so ist, daß »das« einfach zu sein hat. Immerhin wird diese unterschwellige Überzeugung von den Frauen selber in Frage gestellt.

Auch wenn verschiedene Formen der engen, verantwortlichen Beziehung nebeneinander gelebt werden, wird es immer wieder Eifersucht geben, verbunden mit der Frage, ob man sich selber auch liebenswert findet, oder ob man sich dieses Gefühl von einem anderen Menschen geben lassen muß, ob man also, wenn ein Mensch sich auch einem anderen zuwendet, auch ein Stück von sich selbst verliert.

Ganz wichtig aber ist, so scheint mir, daß wir lernen, enge Beziehungen zu besten Freundinnen und Beziehungen zu Männern nicht als etwas Konkurrierendes, sondern als etwas anderes, genau so Wichtiges zu sehen.

Ich füge nochmals die Aussage des 37jährigen Mannes an, die ich bereits zitiert habe:

»*Die Beziehung zu mir ist sicher sehr wichtig, aber die Beziehungen zu den Frauen sind auf einer anderen Ebene genauso wichtig, vielleicht auch wichtiger... weiß ich nicht. Das sind einfach andere Ebenen, aber sie haben überhaupt keine nachrangige Bedeutung.*«

Dabei scheint es mir wichtig zu sein, daß nicht einfach eine Aufspaltung vorgenommen wird im Sinne von: Die Freundin ist für die Seele, der Freund für den Sex, und Sex mit einem Mann ist wertvoller als die Beziehung zur Freundin. Jede Form der Beziehung ist einzigartig, und was in ihr an Lebensmöglichkeiten liegt, sollte auch verwirklicht werden, wenn das Leben reich sein soll.

Die Bedeutung
des Körperkontaktes

Eine 24jährige Frau sagt dazu:

»Körperkontakt ist sehr wichtig, sowohl für mich als auch für meine Freundin. Das gibt ja ein irrsinniges Gefühl von Wärme und auch von Zusammengehörigkeit. Das ist eigentlich allgemein für ein starkes Vertrauensverhältnis wichtig. Ich glaube, (...) ohne jemals Körperkontakt zu haben, kannst du auch kein wirklich tiefes Vertrauen haben zu anderen Leuten.«

Körperkontakt scheint für viele Freundinnen einfach dazuzugehören. Nur 5 erwähnten, daß es für sie schwierig sei. 40 erwähnten, daß Körperkontakt möglich sei, wobei diese Aussagen sich zum Teil auf den konventionellen körperlichen Umgang zu beschränken scheinen. 20 sprechen davon, daß für sie der Körperkontakt ausgesprochen wichtig sei. Es wird natürlich auch erwähnt, daß der Körperkontakt nicht zu allen Freundinnen gleich intensiv ist, mit der einen leichter, selbstverständlicher, andere sind »zurückhaltender« – es geht um den emotionalen Austausch, nicht nur verbal, sondern auch körperlich. Für die Frauen, die den Körperkontakt nicht erwähnen, kann er selbstverständlich sein, also nicht erwähnenswert, oder aber auch verdrängt, denn ganz unproblematisch wird diese körperliche Nähe nicht immer erlebt. Es gibt allerdings etwa 48 Aussagen, bei denen deutlich wird, daß der Körperkontakt – was immer dann die Frauen darunter verstehen – dazugehört, daß es keine so nahen Beziehungen geben kann, ohne auch körperliche Nähe zu spüren.

Die zitierte Aussage, daß ohne Körperkontakt kein tiefes Vertrauen möglich ist, scheint mir eine sehr wichtige Aussage zu sein. Entwicklungspsychologisch gesehen ist diese Aussage richtig, bedenkt man, wie wesentlich liebevoller, akzeptierender Körperkontakt für die Bildung von Urvertrauen ist[39].

Körperkontakt ist ein Ausdruck von Vertrauen, der, indem er vollzogen wird, mehr Vertrauen schafft und auch Nähe, Wärme – ein Gefühl der Geborgenheit erleben läßt. Dazu paßt, daß verschiedene Frauen sagen, sie hätten gelernt, mehr Körperkontakt zuzulassen. Bei diesen Aussagen, Nähe zuzulassen, ist allerdings nicht auszumachen, ob sie es gelernt haben gegen eine verinnerlichte Vorstellung, daß »man das nicht tut«, oder ob im Prozeß des Vertrautwerdens miteinander auch körperliche Nähe mehr zugelassen wurde, als Zeichen des wachsenden Vertrauens.

Entweder ist bei den Interviews eher die »pflegerische Nähe« in den Vordergrund gerückt – sich gegenseitig massieren usw. – oder die spielerische Nähe – sich umarmen, kuscheln, miteinander im Bett etwas essen usw.

So sagt eine 59jährige Frau:

»Ich hab gern Körperkontakt zu meinen Freundinnen. Auch daß wir uns kraulen und in den Arm nehmen, oder fischottermäßig nackt im See zusammen schwimmen… Ich hab große Lust dazu.«

Und eine 36jährige Frau, die mit ihrem Freund zusammenlebt:

»Es wächst, es wird vertrauter… Es hat so angefangen, daß wir uns mal so eingehakt haben, und jetzt kommt einfach mehr dazu, wie eben gerade das Gefühl ist. Letztens habe ich sie massiert, und da hatte ich ein ganz schönes Gefühl zu ihr. Oder auch sonst,

manchmal legen wir uns so den Kopf auf die Schulter, wenn wir nebeneinander hergehen... Neulich, nach dieser Massage, da fand ich das ganz schön, nochmal ihren Kopf zu nehmen und ihr einen Kuß zu geben.«

Bei diesem Körperkontakt kann die Angstfreiheit betont werden. So sagt eine 61jährige Frau:

»Körperkontakt ist sogar sehr wichtig. Wir massieren uns auch. Auch in den Arm nehmen, weil das so angstfrei ist, daß man da nicht das Gefühl hat, jemandem zu nahe zu treten. Bei Männern ist das anders.

Das geht gut, daß man so etwas machen kann, fast erotisch oder erotisch mit einer Frau umgehen zu können, ohne daß sie dann das Gefühl hat, jetzt will sie was von mir, was man bei Männern nicht machen kann. Das kann ich mir bei Frauen leisten und umgekehrt auch. Das finde ich schon eine wichtige und gute Sache.«

Zärtlichkeit, ohne daß das »sexuelle Programm« abläuft, Zärtlichkeit, die wirklich Zärtlichkeit meint, nicht verstanden als Vorspiel oder Auftakt zu etwas anderem: Solche Zärtlichkeit wird von dieser Frau – und mit ihr noch von vier anderen Frauen explizit – als »angstfrei« bezeichnet.

Ganz so spannungsfrei und angstfrei wird die Erotik zwischen Frauen aber nicht von allen erlebt: Eine 28jährige Frau, die zur Zeit des Interviews eine Liebesbeziehung mit einem Mann hat, sagt:

»Es ist auch so, daß wir manchmal miteinander schmusen. Und das habe ich auch nur zu den beiden

*Freundinnen; auch daß wir Arm in Arm spazieren-
gehen oder uns küssen.*

*Aber was ich schon manchmal merke, ja, viel-
leicht auch so eine Lust auf irgendwas, was intimer
wird oder was mehr sexueller wird, und auf der anderen Seite eine unheimliche Angst davor...«*

Eine andere 28jährige Frau, ebenfalls in einer Liebesbeziehung zu einem Mann stehend, sagt:

*»(Das ist) manchmal beängstigend, weil es das an-
geblich nicht gibt. Also zu spüren, daß bei (...) einer
Umarmung auch noch andere Gefühle passieren.
Also daß es auch erotisch sein kann, und huch, daß
beide dann staunen oder sich wundern... Also die
Grenzen sind nicht sehr festgelegt, und das ist alles
sehr aufregend.«*

Angst, Faszination ist da zu spüren, die Lust, auszuprobieren, wo die Grenzen sind – immer mit einem
scheuen Blick auf die Konvention: »weil es das an-
geblich nicht gibt«, die aber mehr in einem Neben-
satz abgehandelt wird. Für einige dieser Frauen ist
auch offen, ob sie ihre Liebesbeziehung in der Zukunft mit einem Mann oder mit einer Frau pflegen
wollen, sie wollen sich da bewußt offen halten. Gelegentlich fällt etwa der Satz, zum Beispiel von einer
28jährigen Frau, die eine Liebesbeziehung zu einem
Mann hat, mit dem sie auch zusammenwohnt:

*»Ich habe schon das Gefühl, (...) daß diese
Frauenfreundschaften schon auch ganz viel mit so
einem lesbischen Anteil in mir zu tun haben. Ich
glaube, (...) ich kann gerade auch einen Teil davon in
meinen Freundinnenbeziehungen leben.«*

Es handelt sich um dieselbe Frau, die sich dann Gedanken macht über den Widerspruch, den sie erlebt, wenn sie Sex mit einem Mann erlebt, die tiefere Beziehung aber mit einer Frau.

Die nahe, körperliche Beziehung zur besten Freundin oder zu den besten Freundinnen kann also auch eine Besinnung über die eigene sexuelle Identität herausfordern und fördern.

Dabei spielt natürlich die Angst vor dem Lesbischsein auch eine Rolle. Von den Aussagen her ist diese Angst aber eine gesellschaftlich introjizierte, denn die körperlichen Erfahrungen werden, außer bei denen natürlich, die sie ganz ablehnen, als angenehm beschrieben und stehen im Widerspruch zu dem, was sein dürfte – wobei dieser Widerspruch in unseren Interviews als solcher stehen gelassen wird.

So sagt zum Beispiel eine 30jährige Frau, die zum Zeitpunkt des Interviews in einer Liebesbeziehung mit einem Mann stand:

»(...) eine Freundschaft beinhaltet für mich auch mal ankuscheln und auch mal küssen und angucken und streicheln und zärtlich sein und alles so was. Zwischen mir und Balbina ist es auch manchmal erotisch knisternd, obwohl wir beide davon überzeugt sind, daß wir überhaupt nicht lesbisch sind... Aber sie muß das immer mal wieder sagen, daß sie es nicht ist. Aber es tut ihr auch immer wieder gut, wenn ich ihr sage, wie schön ich sie finde und wie erotisch ich sie finde, ach, das genießt sie schon sehr...«

Daß auch eine körperliche Anziehung zwischen den Freundinnen besteht, ist naheliegend, bedenkt man, wie eine Freundschaft beginnt. Wir haben in unseren Interviews nicht danach gefragt, es ist aber dennoch bei einigen darauf Bezug genommen worden: »*Die ist mir einfach aufgefallen*«, »*die hat mir so gut gefallen, ihr ganzes Auftreten...*«, »*die war mir einfach sympathisch*« usw. Damit Sympathie entstehen kann, und Sympathie ist wohl Grundlage eines gegenseitigen Wohlgefallens, braucht es auch eine gewisse körperliche Anziehung. Natürlich sprechen wir davon, daß die »Ausstrahlung« einer Person uns aufmerken ließ, uns gefangennahm, unser Interesse wachrief, im Sinne von: Diesen Menschen möchte ich näher kennenlernen. Bei dieser Ausstrahlung ist aber immer schon das Leibliche mit enthalten, gerade am Anfang. Wir sprechen nur nicht so oft davon, weil wir die Aufspaltung – die Körperlichkeit wird mit dem Mann gelebt und spielt im Zusammenhang mit dem Mann eine Rolle, alles andere kann durchaus auch in einer Frauenbeziehung gelebt werden – gut verinnerlicht haben. Diese Überzeugung hindert uns oftmals daran, genauer hinzusehen, was uns wirklich fasziniert. Natürlich ist es auch ein Vorurteil im Sinne der Angstbannung, damit beschwichtigt man die eigene Angst, aber auch die Angst der Männer und damit deren Aggressivität, die so leicht als Abwehr der Angst eingesetzt wird.

Bei Freundinnen spielt nicht nur eine körperliche Anziehung, eine erotische Faszination eine Rolle, es gibt auch so etwas wie eine ästhetische Faszination: Frauen finden Frauen schön.

So sagt eine 52jährige Frau mit einer Liebesbeziehung zu einem Mann:

»*Und dann hab ich selber auch für mich im Zusammenleben mit Freundinnen ja einfach auch die Freude an einem charmanten Geschöpf oder Wesen, ohne da jetzt etwas zu wollen, einfach die Freude*

181

des Anschauens… Ich freue mich einfach so, wie sie da sind und sich bewegen und sprechen, und ich find' das einfach als Wohltat: Gefallen zu finden, ohne was zu wollen oder in Anspruch genommen zu werden.«

Freude daran, wie Freundinnen aussehen, wie sie reden, wie sie sich bewegen – auch hier wieder abgegrenzt gegen Bewunderung, die etwas will oder in Anspruch nimmt – eine ästhetische Freude.

Anders ausgedrückt wird diese Freude an der sinnlichen Ausdruckskraft von einer 28jährigen Frau:

»Wenn wir tanzen gehen, dann staunen wir uns an; also, es hat viel mit Respekt zu tun, würde ich sagen. Zu gucken, wie die andere ist, wie sie sein kann, das immer wieder zu entdecken.«

Auch in dieser Aussage kommt Interesse an der Leiblichkeit der Freundin zum Ausdruck. Wenn die Interviewte sagt, dieses sich Anstaunen habe viel mit Respekt zu tun, dann meine ich, könnte man diese Aussage ergänzen: auch mit Bewunderung, Bewunderung, die mit Schönheit zu tun hat.

Eine 35jährige Frau sagt ganz knapp: Wenn sie an ihre Freundinnen denke, *komme* ihr der Begriff *»Schönheit, die gefallen mir alle drei, ich finde sie schön«.*

Mit der Schönheit der Freundin beschäftigen sich ja Frauen oft, das zeigt sich in den Unterhaltungen über Kleider, über Frisuren usw. Ich denke, daß sehr oft über die Hüllen gesprochen wird, weil die Freundinnen es nicht wagen, einander zu sagen, daß sie sich attraktiv finden, weil es dann ja kompliziert werden könnte.

Die Faszination kann über dieses Bewundern der Schönheit übergehen in eine erotisch-sexuelle Faszination, die in einigen Träumen angesprochen wird. Es ist nicht möglich, eine genaue Anzahl anzugeben, aber einige Frauen sprachen einfach davon, daß sie erotische Träume von ihren Freundinnen haben oder gehabt haben.

Bei diesen erotischen Träumen ist schwer auszumachen, ob es wirklich um verdrängte Erotik bzw. genitale Sexualität geht, oder ob die Träume eher zum Ausdruck bringen, daß die Freundin eine faszinierende Gestalt ist, Ausdruck einer Animagestalt, und Faszination wird ja immer auch als körperliche Faszination empfunden.

In einigen Interviews kommt zum Ausdruck, daß die Frauen sich in der Beziehung zur Freundin wohl fühlen, weil keine »Absichten« mit den Zärtlichkeiten verbunden sind[40]. So sicher können sich da die Frauen aber eigentlich nicht sein – und das scheint auch schon einigen von ihnen bewußt zu sein. Die einen ängstigen sich, die anderen werden neugierig, wieder andere retten sich, indem einfach alles »erotisch« genannt wird oder überhaupt nichts benannt wird – so läßt sich am besten Erfahrung sammeln. Sicher ist, daß sich der Charakter der Beziehung zur besten Freundin verändert, wenn daraus eine Liebesbeziehung wird[41].

Selbstverständlich gibt es auch Frauen, die diese körperliche Nähe abwehren.

So sagt eine 32jährige Frau mit Partner und Kind:

»So jemanden in den Arm zu nehmen, das könnte ich eher bei Männern. Das mache ich bei Frauen nicht so. (…) Ich würde das gern mehr können; das Bedürfnis ist schon da, aber da stehe ich mir selbst im Wege.«

Und eine 31jährige Frau sagt kurz und bündig:

»Irgendwie ist das nicht mein Ding. Mal kurz in den Arm nehmen, das schon, auch ein kleines Küßchen auf die Backe, aber das war's auch schon.«

Dann erwähnt sie einen Traum, in dem ihre Freundin in ihr Zimmer torkelt, sich dann in ihre Mutter verwandelt, die sie so richtig *»schnullern und in den Arm nehmen will«. »Furchtbar, furchtbar war das«*, fügt sie dann an. Ohne Assoziationen der Träumerin zu kennen, wird doch deutlich, daß hier auf die Freundin eine problematische Beziehung zur Mutter übertragen wird, die offenbar mit ihren Zärtlichkeiten als freiheitsberaubend erlebt wurde, und möglicherweise steckt im Wort »schnullern« auch noch der Hinweis, daß diese Zärtlichkeiten verbunden waren mit der Weigerung, die Tochter auch erwachsen, größer werden zu lassen, oder einfach ihr zu erlauben, eigene Bedürfnisse zu haben und zu befriedigen, auch wenn diese nicht mit denen der Mutter übereinstimmen. Werden ähnliche Befürchtungen durch Freundinnen geweckt, dann ist es verständlich, daß körperliche Nähe gemieden wird.

Die Nähe, das Vertrauen, die Wärme unter den besten Freundinnen wird auch in einer körperlichen Nähe erfahren – lustvoll und angsterregend –, die Frauen definieren für sich selbst, wo sie die Grenzen haben wollen. Die Grenzen sind dort, wo es ihnen zu eng wird, vielleicht auch dort, wo es ihnen zu gefährlich wird.

Die Freundin im Spiegel typischer Träume

Die Frage, ob die Interviewten auch von ihren Freundinnen träumten, zielte dahin, herauszufinden, was denn vom Unbewußten her diesen Freundinnen für Rollen zugedacht werden oder würden.

Zwar haben etwa 80 % der befragten Frauen geantwortet, sie würden ab und zu von ihren Freundinnen träumen, konkret wurden sie aber recht selten. Ich werde deshalb zu diesem Kapitel auch Träume aus meiner Praxis einbringen.

Am häufigsten tritt die Freundin in den Träumen der Interviewten Frauen als »Begleiterin« auf, manchmal geradezu als Lebensbegleiterin – manchmal in der Funktion einer Helferin in der Not, als mütterliche Frau, als Freundin mit Zügen einer alten Weisen, recht oft aber einfach als Frau an der Seite der Freundin, die auch da ist, auf die sie einfach zählt.

Es werden verhältnismäßig viele Träume erzählt, in denen Konflikte ausgetragen werden mit der Freundin, verbunden mit Angst davor, sie zu verlieren, wie im realen Leben auch. Zum Teil sind es Abbilder der konkreten, alltäglichen Erfahrungen, zum Teil zeigt sich in ihnen die Freundin als »Schattenfreundin«.

Sehr häufig auch sind erotische Träume, die allerdings – und begreiflicherweise – selten erzählt werden. Diese erotischen Träume haben nämlich nicht ausschließlich mit den verdrängten erotischen und sexuellen Wünschen zu tun, in ihnen ist die Freundin oft auch als eine Frau dargestellt, die faszinierenden, geheimnisvollen, unbekannten Seiten in der Psyche der Frau entspricht und auf den Anreiz der Freundschaft mit der besten Freundin zur Entwicklung auch »fremderer« Anteile in der eigenen Psyche hinweisen könnte.

Ich werde jetzt jeweils exemplarische Träume anfügen, also solche, die ich mit vielen vergleichbaren Träumen belegen könnte und die vom Unbewußten her nochmals beleuchten, was durch die Auswertung der Interviews bereits angesprochen wurde.

Die Freundin als Begleiterin

Ein etwas gekürzter Traum einer 27jährigen Frau:

»*Ich saß allein im Zug, und die ganze Landschaft zog an meinen Augen vorbei. Ich schaute aus dem Zug. Mit der Zeit kamen immer mehr Personen, denen ich einmal nähergestanden habe, die sind dagestanden, und ich stand im Zug und war am Winken. Und plötzlich kam Kerstin von hinten, die war auch im Zug – wir haben zusammen aus dem Zug geguckt, und ich habe immer gewunken, wenn jemand aus meinem Leben auftauchte. Ich hatte dann das Gefühl, ich verabschiede mich, ich gehe meinen eigenen Lebensweg. Kerstin und ich guckten zusammen aus dem Fenster, haben uns angeguckt und uns dann umarmt...*«

Der Traum, ein Abschiedstraum, in dem noch einmal Rückschau gehalten wird auf das eigene Leben und der sich auf die Aussage konzentriert: »*Ich verabschiede mich, ich gehe meinen eigenen Lebensweg*«, aber mit der Freundin, die hier die Rolle einer vertrauten Begleiterin einnimmt.

Die mütterliche Freundin – Hilfe in der Not

Traum einer 26jährigen Frau:

»Ich bin im Kellergewölbe der Universität. Ich suche nach Akten. Ich kann den Aktenkeller nicht finden. Statt dessen finde ich alte Bücher, dann einen Weinkeller, es ist alles etwas vergammelt. Je weiter ich komme, um so unordentlicher wird es, da gibt es plötzlich alte Sensen und Schiffskoffer, es riecht moderig nach alten Kleidern. Langsam bekomme ich es mit der Angst zu tun. Mir wird unheimlich, ich finde den Weg nicht mehr heraus. Je mehr ich mich beeile, um so mehr verliere ich mich, ich werde hektisch, immer ängstlicher. Dort ist Maria (meine Freundin), sie arbeitet an einem kleinen Schreibtisch, sie schaut mich erstaunt und etwas besorgt an. Sie bietet mir Tee an. Ich bin so erleichtert, daß ich weine. Sie nimmt mich in ihre Arme, und dann weiß ich plötzlich, wie ich die Akten finde... Zusammen steigen wir wieder in den Keller.«

Von den Assoziationen bringe ich hier nur die bei, die sich auf die Freundin Maria beziehen:

»Maria ist meine beste Freundin, sie hat eine Vorbildfunktion. Sie hat auch ein Studium hinter sich, hat sich im Beruf durchgesetzt, ist einiges älter als ich – wir treffen uns oft. Ich mag sie sehr gern. Bei ihr finde ich mich geborgen, sie weiß meistens, was zu tun ist in einer bestimmten Situation, oder sie findet es durch Nachdenken oder durch Einschalten anderer Menschen heraus. Sie ist auch sehr anregend – irgendwie fasziniert sie mich. Sie ist für mich schon

ein Vorbild: intelligent, sehr selbständig, sehr schick auch, ohne ein weiblicher Typ zu sein. Sie ist aber auch sehr mütterlich, sie ist sehr lieb zu ihren Kindern, sie weiß, wann ein anderer Mensch Zuwendung braucht, und sie gibt sie auch. Sie ist auch sehr zärtlich, aber sie achtet darauf, daß es für beide stimmt. Ich hätte mir eine solche Mutter gewünscht. Im Traum kam sie mir sehr mütterlich, sehr fürsorglich vor.«

Exemplarisch ist an diesem Traum die ausweglose Situation, die Angst auslöst. Diese Situationen sind jeweils individuell lebensgeschichtlich dargestellt. Dann folgt das Auftauchen einer Freundin, die die Gefahr bannt. Weil die Mütter uns in unseren ersten Ängsten getröstet haben, wird diese Freundin dann meistens mit dem Attribut mütterlich bedacht, oder die Freundin übernimmt mütterliche Funktionen.

Eine solche Träumerin nun aufgrund eines solchen Traumes oder auch aufgrund einer Freundschaft zu einer mütterlichen Frau als muttergebunden zu qualifizieren, ihr also zu unterstellen, daß ihr Ichkomplex sich nicht altersgemäß aus dem Mutterkomplex herausentwickelt habe, wäre unpräzis. Sie kann muttergebunden sein, muß es aber nicht. In jeder Frauenbeziehung ist es möglich, daß Frauen einander mütterlich begegnen. Jeder Mensch gerät immer wieder einmal in eine Lebenssituation, in der er mütterliche Zuwendung braucht, um wieder Kraft zu schöpfen, sich zu entängstigen.

An den Assoziationen zu diesem Traum wird deutlich, daß die Freundin nicht nur mütterlich ist, sondern in ihrer Vorbildfunktion mitgemeint ist: die Freundin als Modell für weibliches Leben, hier als Modell für eine Frau, die sich unter anderem auch

im Bauch der Universität auskennt. In dieser Vorbildfunktion wird die Freundin auch idealisiert, so wie
sie möchte die Träumerin auch einmal werden. Die
Faszination und das Idealisieren könnten darauf
schließen lassen, daß Maria auch Aspekte einer Animagestalt der Träumerin verkörpert, die Beziehung
zu ihr also nicht nur ein Vorentwurf in die Zukunft
hinein ist, über die aktuelle befriedigende, zärtliche
Beziehung hinaus, sondern daß die Beziehung zu ihr
die Träumerin gleichzeitig auch ihrer eigenen Seele
nahebringt. Ich spreche dann von einer Anima der
Frau, wenn weibliche Gestalten faszinierend, numi-
nos und Seelisches in Bewegung bringend dargestellt
werden[42].

Mir scheint, daß auch die heutigen Frauen auf der
Anima-Seite bedürftig sind, daß das Unbewußte
Frauenfiguren in den Träumen heraufbringt, die wir
bei Männern ohne weiteres als Anima-Figuren bezeichnen würden, und ich meine, sie sind es auch für
die Frauen. Damit könnte auch die zunehmende
Bedeutung der Beziehung unter Frauen zu tun haben.

Obwohl die Träumerin primär den mütterlich-für-
sorglichen Aspekt im Traum erlebt, können un-
schwer andere Aspekte und andere Beziehungsmuster aus diesem Traum herausgelesen werden.

Auch wenn die Sehnsucht nach einer idealen
Mutter, die die Träumerin nicht hatte, mit dieser
Beziehung verknüpft sein mag, erklärt dieser Aspekt
niemals die ganze Beziehung.

Man kann diese idealisierenden Mutterübertra-
gungen übrigens auch dahingehend verstehen, daß
das Leben Gelegenheit gibt, eine Beziehung, die
nicht zufriedenstellend war, noch einmal zu konstellieren in der Hoffnung, daß es doch auch eine bessere
Erfahrung gibt.

Die Freundin mit Zügen der Alten Weisen

Nicht selten wird in diesen typischen Träumen von der helfenden mütterlichen Freundin die Freundin auch mit dem Bild des Archetypus der Alten Weisen in Zusammenhang gebracht, auch wenn die Freundin nicht besonders alt ist.

Traum einer 31jährigen Frau:

»Ich habe meinen Sohn (3jährig) einfach verloren. Er ist nicht mehr da, ich suche ihn, werde immer aufgeregter. Ich versuche, meinen Mann anzurufen. Er ist in einer wichtigen Sitzung, unabkömmlich. Ich will meine Mutter anrufen, sie ist auch nicht da. Ich rufe meine Nachbarin. Sie kommt in Begleitung einer alten Frau. Ich denke ängstlich, diese könnte uns mit ihrer Langsamkeit bei der Suche eher hindern. Ich sehe ihr Gesicht, sie hat sehr klare Augen, sehr klare Gesichtszüge, sie fasziniert mich, ich kann den Blick nicht abwenden. Ist er das? fragt sie, indem sie auf einen Busch hinweist, wo mein Sohn mit einem mir unbekannten, sehr unternehmungslustigen etwa 2jährigen Mädchen spielt...«

Die Träumerin bezeichnet die Nachbarin als eine ihrer besten Freundinnen. Sie reden miteinander über das, was so ansteht, sie passen auch gegenseitig auf die Kinder auf, unternehmen etwas miteinander.

Die alte Frau, die in Begleitung ihrer Freundin war, gibt es konkret nicht. Im Traum faszinierte sie die Träumerin sehr. Ihre Freundin habe nichts von einer alten weisen Frau an sich, gar nichts, außer daß sie manchmal Ansichten über das Leben habe, die sie noch gar nicht haben könne. Das Bild der alten weisen Frau[43], das sich durch die Beziehung zu ihrer Freundin und über sie belebt, fasziniert durch die Klarheit des Sehens, durch die Klarheit der Gesichtszüge. Das Bild könnte Klarheit, Wissen, vielleicht eben auch das überpersönliche Wissen der alten weisen Frau zeigen, das der Träumerin in Situationen der großen Angst zugänglich wird als archetypische Möglichkeit. Durch die Beziehung zu einer Freundin können also archetypische Bilder evoziert werden, die mit dieser direkt nichts zu tun haben. Diese alte weise Frau weist aber nicht nur auf den verlorengegangenen Sohn hin, sondern sie zeigt auch auf, daß er noch mit einem kleinen Mädchen verbunden ist. Sie verweist also auf eine zukünftige weibliche Lebensform, die gerade auch im Zusammenhang mit ihrem Sohn in ihr erwacht sein dürfte.

Die Freundin in Not

Ein ebenfalls exemplarischer Traum im Zusammenhang mit Freundinnen ist der Traum von der Freundin, die in Not ist, die der Hilfe bedarf.

Traum einer 35jährigen Frau:

»*Meine Freundin kann nur noch schlecht gegen die Wellen des Meeres anschwimmen. Ich suche Hilfe, weil ich mir nicht zutraue, sie herauszuziehen. Es geht irgendwie nicht mit dieser Hilfe, und ich erwache angstvoll. Ich rief dann mitten in der Nacht meine Freundin an, um herauszufinden, wie es ihr geht. Sie hatte gerade einen grauenhaften Traum, und wir sprachen dann lange darüber.*«

In der Freundin in Not werden weibliche Seiten dargestellt, die eben in Not sind, die hier unterzugehen drohen. Indem die Frau als Freundin oder auch als Schwester bezeichnet wird, werden diese Seelenanteile als Seiten bezeichnet, die zum lebensnotwendigen Netzwerk einer Frau gehören. Die Beziehung zu dieser Seite muß aktiviert werden, was die Träumerin zunächst im Alltagsleben tut, indem sie die Freundin anruft und über ihr Problem mit ihr spricht. Gerade durch dieses Handeln wird deutlich, wie sehr Freundinnen zwar auch als innere Gestalten erlebt werden können, wie aber Beziehungsebene und innere Ebene als zwei voneinander nicht zu trennende Weisen der Beziehung gesehen werden.

Die Schattenfreundin

Traum einer 28jährigen Frau:

»*Ich treffe Yvonne. Sie ist wiederum voll Energie. Sie kocht, geht unachtsam mit dem Geschirr und mit dem Gemüse um, mir ist das sehr unangenehm. Ich frage mich, ob und wie ich es ihr sagen soll. Ich erwache.*«

Assoziationen zu Yvonne: »*Yvonne ist meine beste Freundin, aber eigentlich auch wieder nicht. Wir begegnen uns einfach immer wieder, finden uns manchmal anziehend und manchmal ganz ekelhaft. Es geht uns beiden so. Es ist vielleicht sogar die emotionalste Beziehung, die ich zu einer Frau habe. So wie sie im Traum ist, kann sie sein. Das stört mich jeweils ganz enorm. Ich beneide sie auch, ich bin eher ruhig, manchmal fast energielos, aber dafür achtsam. Es ist für mich sehr wichtig, achtsam mit den Dingen umzugehen. Für sie ist dieser kraftvolle Umgang mit den Dingen Ausdruck von Lebensfülle, obwohl es dabei viele Scherben gibt. Lebensfülle verkörpert sie aber auch für mich. Darum beneide ich sie. Manchmal steckt sie mich auch ein wenig an.«*

Die Tatsache, daß die beiden nicht voneinander wegkommen, daß die Träumerin von ihr träumt, wie sie sie eigentlich auch im Alltag erlebt, bedeutet, daß die beiden Frauen einander wirklich etwas angehen, daß jede von ihnen Seiten der anderen verkörpert, die dringend zu integrieren wären. Sehr oft werden Schattenschwestern ja nicht Freundinnen, sondern Feindinnen, die einander möglichst aus dem Wege gehen.

Aus den Interviews wurde aber deutlich, daß Freundinnen, die Seiten entwickelt haben, die die andere selbst nicht hat, nicht so sehr geflohen werden, sondern eher Anreiz zu Auseinandersetzung bieten, Anreiz zur Entwicklung neuer Seiten in sich selbst. Freundschaft wird, wenn auch nicht so formuliert, oft als Anreiz zu Individuation verstanden. Es könnten viele weitere Träume angeführt werden, die zeigen, daß das ständige Werden von Identität bei einer Frau im Sinne des Individuationsprozesses ganz wesentlich durch die Beziehung zu den Freundinnen vorangetrieben wird, durch die Bindung, durch das Bedürfnis nach Zuwendung. Selbstverständlich wird man den Gedanken nicht los, daß das Selbst als Spiritus rector der Individuation diese Beziehungen konstelliert, arrangiert, stiftet – denn letztlich bleiben ja auch diese Beziehungen geheimnisvoll, sind sie in sich mehr als die Summe dessen, was aufgezählt werden kann.

Nun besteht aber der weibliche Individuationsprozeß nicht nur aus der Integration von weiblichen Anteilen. Es darf aber nicht übersehen werden, daß auch Animusanteile durch Beziehungen zu Freundinnen belebt werden. Nach meinen Beobachtungen symbolisieren sie sich allerdings in Animusgestalten vom Typus des geheimnisvollen Fremden oder auch des fremden, kommenden Gottes.

Die Freundin als Teil eines Paares

Traum einer 43jährigen Frau:

»*Ich sitze in Basel in einem Restaurant. Die Terrasse geht auf den Rhein hinaus. Der Rhein führt viel Wasser mit sich, er fließt schnell. Das gibt mir ein gutes Lebensgefühl. Ich warte auf einen alten Professor, bei dem ich einst studiert habe. Plötzlich nähert sich ein sehr faszinierendes Paar meinem Tisch, beide etwa um die 40. Sie tun so, als ob wir alte Freunde wären, obwohl ich sie beide nicht kenne, aber ich finde sie ganz faszinierend. Ich weiß nicht, wie mich benehmen. Ich gebe ihnen zunächst mein Mineralwasser. Ich starre beide an, ich kann mich nicht losreißen von ihren Gesichtern. Ich verliebe mich in beide, fühle Glück, bin verwirrt und ganz angeregt. Plötzlich fällt mir sogar ein, daß ich den Professor fragen wollte, wie denn Liebe das Verhältnis zur Zeit verändere. Ich erwache, atemlos vor Glück, seelisch, geistig inspiriert.*«

Die Frau im Traum erinnerte die Träumerin durch ihre Körperbewegungen an eine Freundin, mit der sie gerade ein Wochenende verbracht hatte. Sie bezeichnet die Frau im Traum aber als viel geheimnisvoller, schöner, faszinierender, und eben begleitet von diesem ganz und gar unbekannten, faszinierenden Mann. Sie sprach vor allem von der Tiefe seiner Augen. Hier wird nun also ein Paar im Traum erlebt, ein Paar als Symbol der Ganzheit, des Selbst, das sich auch in der Liebessehnsucht ausdrückt und hier Emotionen von Liebe und Glück auslöst – wie so oft. Der Traum wurde geträumt, nachdem die Träumerin zum ersten Mal ein ganzes Wochenende mit dieser Freundin verbracht hatte. Diese Freundin war schon seit Jahren ihre Freundin. Sie hatten lockeren Kontakt miteinander behalten. Wegen ihrer beidseitigen Lebensumstände war es nicht möglich, eine nähere Beziehung zueinander einzugehen, bis eben an diesem Wochenende. Die Träumerin bezeichnete das Wochenende als sehr anregend. Durch die Beziehung zu dieser Freundin, durch die aufbrechende Liebe zu ihr, erlebt sie das Selbst, erlebt Anima und Animus in ihrer Seele in der Gestalt der geheimnisvollen Fremden, erlebt Glück und Liebe. Hier meine ich, ist durch die Beziehung zur Freundin das Selbst in einer momentanen Konstellation, die sehr viel Zukunft verspricht, erlebt worden. Es könnte auch bedeuten, daß sie durch die Beziehung zu dieser Freundin wirklich auch zu eigener Ganzheit finden wird.

Freundschaft und Spiritualität

Daß in der Beziehung zur besten Freundin auch spirituelle Dimensionen entbunden werden können, gerade auch im Zusammenhang mit dem Erleben einer großen Vitalität, zeigt folgender Traum, den ich abschließend zitieren möchte.

Eine 30jährige Frau träumt zu Beginn einer tiefen Freundschaft mit einer Frau:

»Helen, meine neue Freundin, und ich reiten auf sehr kraftvollen Schimmelstuten in einer wilden, warmen, bergigen Gegend. Es ist Italien, in der Gegend des Apennin, und wir reiten wohl in die Schweiz. Ich trage vor mir sehr sorgsam eine sehr schöne, grüne Schale aus Jade. Ich trage sie, als ob sie der Gral selbst wäre. Mein Pferd scheint zu spüren, daß ich etwas Wichtiges trage. Es bockt nicht, obwohl es recht wild zu sein scheint. Die Sonne scheint in die Schale, die Strahlen brechen sich, und ich weiß, daß wir, wenn wir diesen Strahlen nachreiten, den Weg finden. Es ist eine Atmosphäre der absoluten Notwendigkeit und Sinnhaftigkeit im Traum. Ich fühle Liebe, Bedeutsamkeit und religiöse Ergriffenheit.«

Betrachtet man die Träume von Freundinnen im Zusammenhang, dann wird deutlich, daß die Freundin umfassende Aspekte des weiblichen Selbst symbolisieren kann, als Begleiterin kann sie ein Alter ego sein, das dem weiblichen Selbst mehr Sicherheit gibt, sie kann aber auch die »Schwester-Anima« verkörpern, eine Anima-Gestalt, die dann bedeutsam wird, wenn man sich aus der Autoritäten-Anima, die noch deutlich vom Mutterkomplex geprägt ist, herausarbeitet. In all diesen verschiedenen Ausprägungen der Anima ist immer auch die ihnen letztlich zugrundeliegende Anima-Gestalt der geheimnisvollen Fremden enthalten und verleiht allen anderen Ausprägungen eine gewisse Faszination. Bei der Schwester-Anima, wie übrigens auch beim Bruder-Animus, ist allerdings das Erleben des Vertrauten weit größer als das Erleben des faszinierenden, abgründigen Fremden. Zu dieser Schwester-Anima gehört auch die Freundin als »Schattenfreundin«, die Freundin in Not.

Die Autoritäten-Anima kann noch vom Mutterkomplex geprägt sein, oder aber zum Bild der Anima vom Typus der Alten Weisen tendieren, die immer nur dann auftritt, wenn Hilfe nötig ist, als eine Verbindung der geheimnisvollen Fremden mit großer Weisheit, die kaum mehr etwas mit der persönlichen Mutterprägung zu tun hat.

Die Anima im Sinne der faszinierenden, geheimnisvollen Fremden wird in den Träumen, in denen von der Freundin eine große erotisch-sexuelle Faszination ausgeht, erlebt.

Von diesen Bildern geht ein großer Entwicklungsanreiz zu neuer, eigener Identität aus, da sie mit intensiven Phantasien verbunden sind – Voraussetzung für schöpferische Wandlung. Von diesen Bildern wird aber auch ein deutliches Erleben einer »eigenen Mitte« ausgelöst.

Werte einer künftigen
Beziehungskultur

Nicht nur auf der individuellen, sondern auch auf der kollektiven Ebene ist heute eine Idealisierung der Freundschaft unter Frauen zu bemerken: in den Büchern, die darüber geschrieben werden, in Artikeln, auch in der Wut und Enttäuschung darüber, daß Frauen dann doch nicht gut miteinander umgehen – als ob alle Frauen miteinander befreundet wären! Natürlich muß die Beziehung zur besten Freundin – und ich unterscheide sie von den Beziehungen zu Freundinnen ganz allgemein, weil diese eine andere Qualität zu haben scheinen – idealisiert werden, weil sie ja offenbar für Frauen so ungeheuer wichtig ist, um ein sinnvolles Leben führen zu können und um die emotionale Zuwendung und Unterstützung zu bekommen, die sie brauchen. Am wichtigsten ist sie wohl als Möglichkeit, wirklich zu einer eigenen, nicht abgeleiteten Identität zu kommen und einen Raum bereitzustellen, in dem Frauen erleben können, wer sie sind, wenn sie nicht durch Rollenverhalten gezähmt werden. Ein Raum zugleich, in dem sie zur eigenen Stärke, zu den eigenen vielen schillernden Lebens- und Liebesmöglichkeiten hinfinden können, die ihnen eignen und die ihnen in der abgeleiteten Identität so leicht enteignet werden. Die Freundschaft unter Frauen muß aber auch idealisiert werden, weil gesellschaftlich gesehen zwar immer mit ihr gerechnet wird, auch im Hinblick auf Ressourcen, auf Lebenshilfe, aber hochgeschätzt wird sie doch auch nicht. Und das ist nicht nur gesellschaftlich so; auch die Frauen scheinen zwischen Idealisierung und Entwertung zu schwanken. Wenn sie also diese Form der Beziehung jetzt eher idealisieren, dann kämpfen sie damit auch gegen die eigene Versuchung zur Entwertung.

In der Beschäftigung mit dieser Form der Beziehung, in ihrer Idealisierung, aber auch in Aussagen wie der von Janice Raymond: »*Solange Frauen die ursprüngliche Zuneigung untereinander nicht einfordern und anerkennen, fehlt dem Feminismus der élan vital…*«[44], oder in der These der gleichen Autorin, daß Frauenfreundschaft ein neues Modell für menschliches Zusammenleben abgeben könnte, drückt sich eine aktuelle zeitgeschichtliche Tendenz aus.

Es könnte bei den Frauenfreundschaften nicht nur um das Finden der weibliche Identität und um die gegenseitige emotionale Unterstützung gehen, es könnte darüber hinaus auch darum gehen, daß Werte, die in der nahen weiblichen Freundschaft verwirklicht – und schon seit Jahrhunderten gelebt werden –, Modellwirkung haben könnten. Es könnte eine Beziehungsutopie sein, die sich nicht nur auf die Frauen beschränkt. Werte, die in dieser Form der Beziehung gepflegt werden, könnten auch zu allgemeineren Werten erklärt werden, denen nachzuleben sich lohnen würde, will man Beziehung wirklich mehr in den Mittelpunkt des lebendigen Lebens stellen. Es geht nicht darum, allen Menschen zu empfehlen, wie »beste Freundinnen« miteinander zu leben, das wäre auch nicht möglich. Diese Form der Beziehung wird etwas Besonderes bleiben, eben für die besten Freundinnen, aber die Werte, die darin gelebt werden und die sowohl für Geborgenheit als auch für Entwicklung hilfreich sind, könnten Maßstäbe für eine allgemeinere Beziehungskultur sein oder zumindest dazu herausfordern. Besonders wichtig aber scheint mir, diese Werte aus der Verschattung herauszuholen, sie nicht weiter als scheinbar belanglos im dunkeln zu lassen – wobei sich die Gesellschaft aber doch ganz intensiv darauf verläßt –, sondern sie ins

Licht zu heben, sie in ihrer Wichtigkeit für menschliches Zusammenleben anzuerkennen.

Die Werte der nahen Frauenfreundschaften äußern sich in konkreter, alltäglicher Lebens- und Beziehungspraxis; sie sind keine Theorien über die Beziehung. Das mag ein Grund dafür sein, daß sie so wenig bedacht, so wenig im Gespräch sind.

Ich habe diese Werte hier nun zum Zwecke der Verallgemeinerung aus den Interviews herausdestilliert. Sie stehen nicht als einzelne da, sondern miteinander in Beziehung, sind vernetzt.

Zentral ist der Wert der

Achtsamkeit.

Mit Achtsamkeit[45] meine ich, daß Freundinnen einander sehen, wahrnehmen, Zuwendung geben, Gefühle der Zuneigung ausdrücken und auch annehmen, Mitgefühl haben und auch ausdrücken, aber auch ihre emotional echte, offene Reaktion auf eine Situation geben, Kritik üben im besten Sinne, nämlich auf eine mögliche Verbesserung der Situation hin bezogen, nicht im Sinne des Entwertens aus einer Konkurrenzsituation heraus.

Es geht darum, die andere zu sehen und gesehen zu werden, möglichst so, wie jede ist. Gesehen zu werden, nicht durch einen Filter von Erwartungen oder schon enttäuschter Erwartungen, bestärkt aktuell das Gefühl der Identität, gibt das Gefühl, da zu sein, wirken zu können und auch eine Daseinsberechtigung zu haben. Sehen und gesehen zu werden bedeutet, den anderen Menschen auch in dem zu sehen, was unseren Erwartungen gerade nicht entspricht, uns vielleicht überrascht oder auch verärgert. Zur Achtsamkeit gehört Respekt vor der Persönlichkeit des anderen, Respekt vor seinen individuellen Gefühlen und den daraus erwachsenden Haltungen und Handlungen, Achtung für den anderen Menschen. Achtsamkeit ist so besehen eine Werthaltung, die dem Dominieren und über einen anderen Menschen Bestimmen entgegensteht, und dennoch den anderen Menschen achtet, und auch in sich selbst gegen die Haltungen des Bestimmens und Dominierens ankämpft.

Die Achtsamkeit ist eine Werthaltung, die auf Gleichwertigkeit beruht, verpflichtet der Idee, daß Menschen immer ein Du brauchen, um zu sich selbst zu kommen, daß es aber auch immer Situationen gibt, in denen Menschen Hilfe brauchen. Achtsamkeit entspringt einer Haltung des Akzeptierens, des Förderns, des Schützens, des Konfrontierens.

Achtsamkeit ist von allen Beteiligten gefordert, auch Achtsamkeit auf die eigenen Gefühle. Werden die Gefühle des Ärgers und der Feindseligkeit nicht eingebracht, dann wird die Achtsamkeit gemindert, werden die Gefühle der Zuneigung nicht eingebracht, kann die Achtsamkeit leicht zu einer Form der Überwachung verkommen.

Achtsam kann nur sein, wer mit den eigenen Enttäuschungen umgehen kann, wer zutiefst akzeptiert, daß das Leben Bewegung ist, daß nichts für immer gegeben ist, auch nicht das Wesen der besten Freundin oder das Wesen dieser engen Beziehung. Achtsam kann auch nur sein, wer durch die Prozesse des Trauerns hindurch sich das, was bleibt, zu erhalten und das, was sich verändert, auch als neue Öffnung zu verstehen vermag[46].

Achtsamkeit könnte nicht nur ein zentraler Wert im Umgang mit den Menschen sein, sondern auch mit der Natur, Achtsamkeit ist eine Form der fördernden Liebe zum Leben und zum Lebendigen.

Zur Achtsamkeit hinzu kommt der Wert der

Verfügbarkeit.

Ich brauche diesen Ausdruck im Sinne der »disponibilité« von Gabriel Marcel[47], einer Haltung, die es zuläßt, daß das Leben von uns Besitz ergreift und uns auch verbraucht, daß Ideen, Gedanken von uns Besitz ergreifen, oder eben auch, daß das Leben eines uns nahestehenden Menschen auch über unser Leben verfügt, nicht in dem Sinne, daß dieser andere Mensch nun über unser Leben verfügt, eben gerade nicht, sondern daß die Beziehungsnotwendigkeiten dazu führen und das eigene Leben davon beeinflußt ist und auch beeinflußt werden darf.

In einem sehr viel pragmatischeren Sinn spricht Belle[48] in diesem Zusammenhang über die Kosten des engen sozialen Netzwerkes, in dem sich Frauen befinden. Dabei ist bei diesem Verfügbar-Sein noch nicht ausgemacht, wann es mit Kosten verbunden ist, wann mit Nutzen.

Im konkreten Alltag heißt das, daß die Freundin fast jederzeit angesprochen werden kann, auf ein Problem hin, auf eine Hilfeleistung hin, auf eine Überlegung hin. Man kann sich gegenseitig einander zumuten, ohne eine Zumutung zu sein. Man kann miteinander rechnen, muß aber auch miteinander rechnen. Man kann aufeinander zählen. Verfügbar-Sein heißt auch, daß wir miteinander reden, bis sich im Gespräch eine Lösung, vielleicht sogar eine schöpferische Lösung abzeichnet. Schnell fertige Lösungen sind dabei nicht zu erwarten – diese Haltung braucht auch Zeit, Beziehungszeit.

Verfügbarkeit als Wert meint aber darüber hinaus auch, offen zu sein für neue Ideen, sich in Frage stellen zu lassen durch neue Ideen, sich nicht abzusperren dagegen. Verfügbarkeit meint die Bereitschaft, sich der Offenheit der Zukunft zu stellen, der Hoffnung, sich nicht der Gewohnheit beugen. Verfügbarkeit heißt, den Boden für Neues bereitzustellen.

Damit Verfügbarkeit eine Haltung wird, die sich dem Leben bereitwillig zur Verfügung stellt und sich nicht ständig sperrt gegen jede Veränderung, gegen jede Anforderung, nicht verkommt zu einer Situation des Ausnutzens und des Ausgenutztwerdens, müssen wir lernen, uns liebevoll abzugrenzen, unsere Grenzen zu akzeptieren, auch im Verfügbar-Sein, das heißt aber wiederum, achtsam mit uns und den anderen Menschen umzugehen. Lernen werden wir dieses sanfte Abgrenzen aber nur dort, wo Menschen uns nah sind, wo wir sie lieben, ohne daß sie notwendigerweise unsere Liebespartner und Liebespartnerinnen sind.

Die Haltung der Verfügbarkeit läßt den Reichtum des Lebens sich erst richtig entfalten und führt zu einem Staunen darüber, was alles möglich ist im menschlichen Leben – sie ist sozusagen die Kehrseite der Resignation oder der Langeweile.

Zu Achtsamkeit und Verfügbarkeit kommt hinzu:

Verläßlichkeit.

Achtsamkeit und Verfügbarkeit werden erst wirklich zu Werten, wenn man sich in den Beziehungen auch darauf verlassen kann, daß das Werte sind, die dem anderen Menschen auch wichtig sind, wie das eben in den Beziehungen zu den besten Freundinnen zum Ausdruck kommt.

Sich verlassen können aufeinander – im Gegensatz zu einander ständig verlassen – kommt aus der Einsicht, daß die Bindung, die Nähe, die Geborgenheit auf Gegenrecht hin wichtig sind, weil die emotionale Verbundenheit in ihrer Bedeutung für das gute Lebensgefühl, das Gefühl einer Lebenssicherheit, als Möglichkeit auch, der Angst zu begegnen, erkannt sind.

Verläßlichkeit meint den Willen zur Kontinuität durch alle Konflikte hindurch, meint aber auch, die Beziehung verantwortlich zu leben: Man übernimmt Verantwortung für die Beziehungsprozesse, die im Gange sind.

Diese Verläßlichkeit als Wille zur Kontinuität und damit auch zum Wachsen einer Beziehung muß sich immer wieder in punktueller Verläßlichkeit erweisen: verläßlich sein im Einhalten von Versprechungen, verläßlich sein in der Echtheit der emotionalen Reaktionen, verläßlich sein im Dasein, ohne etwas zu wollen usw. Die Verläßlichkeit wird immer wieder neu definiert unter den Menschen, die miteinander eine Beziehung eingehen, indem sie Konflikte miteinander austragen, in denen es um Unzuverlässigkeit geht, aber auch um das Thema des Verlassenwerdens, denn Unzuverlässigkeit ist eine Form des Verlassenwerdens. Sich verlassen und sich wieder neu einlassen aufeinander muß als Bewegung auch in guten Beziehungen verstanden werden, wobei das Sich-wieder-neu-aufeinander-Einlassen im wesentlichen im Einlassen auf den Konflikt, der durch die Unzuverlässigkeit aufgebrochen ist, besteht.

Achtsamkeit, Verfügbarkeit und Verläßlichkeit werden in den Beziehungen zu den besten Freundinnen in einer Atmosphäre von gelebt. Zärtlichkeit ist Ausdruck von Achtsamkeit, Verfügbarkeit und Zuverlässigkeit in der Beziehung und gleichzeitig auch Ausdruck von nicht zupackender, sondern umhüllender Liebe, eine Haltung, die auch das Zarte im anderen Menschen und in sich begreift und es dem anderen Menschen auch erlebbar macht, aus ihm oder aus ihr herausliebt, und dieses Zarte auch schützen will, auch vor dem eigenen harten Zugriff. Zärtlichkeit kümmert sich um das Zarte und auch um das, was werden will, um das Neue. Zärtlichkeit in Beziehungen weist daraufhin, daß immer noch die Hoffnung besteht, daß Neues werden kann, das Staunen auslöst und Hege- und Pflegeimpulse weckt.

Die Zärtlichkeit verliert ihren Wert dort, wo sie zu einem Verzärteln wird, wo dem anderen Menschen nicht auch das Unzarte, Harte, Wilde zugemutet wird.

Ein weiterer Wert in der Beziehung zu den besten Freundinnen ist der Wert der

Freude.

Das Erleben von Freude, das Teilen von Freude, das Anstecken mit Freude, das Sich-Freuen aneinander, das Sich-Freuen aufeinander geben den Beziehungen eine ganz spezielle Färbung und tragen nicht unwesentlich dazu bei, daß sie so dauerhaft sind.

Das Zulassen der Freude, das bewußte Wahrnehmen der Freude vermehrt die Freude, läßt uns uns als Menschen erleben, die sich auch freuen können. Wenn wir uns aber freuen, dann erleben wir uns selbst als für den Moment ganz und gar einverstanden mit uns selbst, mit den anderen Menschen und mit der Umwelt, das gibt uns ein gutes Selbstgefühl und das Gefühl, fraglos in Beziehungen zu anderen Menschen eingebunden zu sein, fraglos auch ein Teil eines uns umfassenden Lebens zu sein. Das Erleben der Freude hat auf unseren Selbstwert einen sehr großen Einfluß, erlaubt uns unter anderem auch, immer mehr unser originäres Selbst zu finden. Wie jede Emotion ist auch Freude ansteckend, wir können uns anstecken mit Freude, wir können auch, indem wir die freudigen Stunden einer Beziehung in unsere Erinnerung zurückholen, was ja in Freundschaftsbeziehungen immer wieder geschieht, auch das Erlebnis der Freude für uns zurückholen. So schafft Freude größere Verbundenheit durch die Stimulierung eines guten Selbstwert- und Daseinsgefühls, aber auch die Möglichkeit, sich selber als energievollen Menschen zu erleben, der dann sein Leben auch wieder in eigener Regie gut gestalten kann.

Freude ist die Emotion, die zu solidarischem Verhalten führt. Wenn wir uns freuen, dann haben wir die Tendenz, uns zu verschwestern und zu verbrüdern. Wir fragen nicht so sehr nach Trennendem, sondern nach dem, was Menschen miteinander verbindet. Wir schauen dann auch einmal über Gegensätze hinweg, vergessen Trennendes. Freude ist die Emotion, die eine große Verbundenheit herstellen kann, also uns selbst und auch den Alltag transzendieren läßt, die uns öffnet für die leichteren Seiten des Lebens.

Freude gilt als eine Emotion, die vor allem Kinder und allenfalls noch Frauen haben. Es wäre aber sehr sinnvoll, in ihr wieder eine Emotion zu sehen, die ganz wesentlich zum Menschen gehört, ihn genauso ausmacht wie Angst, Trauer usw., ihn aber zu ganz anderem Beziehungsverhalten führt: nicht in die Abgrenzung hinein, sondern in die Verbundenheit. Denn Freude weckt die Gewißheit, daß das Leben sich auch – ganz unverdientermaßen – mehren kann, daß wir Menschen auch über uns hinaus sein können und von Gefühlen der Gehobenheit genauso erfaßt werden wie von Gefühlen der Bedrücktheit.

Problematisch würde die Freude erst, wenn in der Beziehungskultur nur noch Freude erlebt werden dürfte, was dann wohl nicht mehr mit dem Ausdruck »Freude«, sondern mit dem Ausdruck »Spaß« benannt werden müßte. Dieser Spaß wäre dann vermutlich eher »freudlos«. Problematisch wäre die Freude also dann, wenn die andere Seite des Daseins, das Durchdringen der Widerständigkeit des Alltags, im privaten Leben wie auch in der Politik, ausgeblendet würde. Zum Verfall der Freude würde also ein Rückzug von der Welt der Probleme und des Kummers in die Welt der Nur-Freude führen. Im allgemeinen führt aber gerade auch das Zulassen der Freude – sie ist ja viel öfter aus unserem Alltag verbannt als Kummer und Sorgen – dazu, daß wir uns wieder neu gestärkt unseren Problemen zuwenden können und tun, was notwendig ist[49].

Ein weiterer Wert, der mit allen vorab genannten in einem Zusammenhang steht und der sich aus den Beziehungen zu den besten Freundinnen ergibt, ist der Wert einer

Alltagskultur.

Gesten, die Beziehung ausdrücken – etwa das vierblättrige Kleeblatt für den Gang ins Krankenhaus zu einer gefährlichen Operation, eine liebevolle Aufmerksamkeit, ein warmes Essen zur richtigen Zeit, ein Gedicht auf dem überfüllten Schreibtisch –, sind nicht schmückendes Beiwerk, der spielerischen Natur der Freundinnen entsprungen, das sind Wegmarken einer kultivierten Beziehungslandschaft. Es ist eine wenig beachtete Kultur, aus Betroffenheit heraus erschaffen, nicht für die Ewigkeit gedacht – und doch von allergrößter Wichtigkeit für eine Lebensatmosphäre, in der man sich wohl fühlen kann.

Diese Form der Alltagskultur steht selbstverständlich neben allen anderen Werken der Kultur, die Menschen schaffen, aber sie müßte auch als eine Form der Kultur verstanden werden, als eine Form der Beziehungskultur.

Dazu scheint sich mir – zwar etwas verhalten noch – in den Interviews auch ein recht introvertierter Wert abzuzeichnen, der Wert der

Sehnsucht nach Sinn und Mitte,

nach einer Spiritualität, die im Zusammenhang steht mit dem direkten Erleben von Träumen, von Erlebnissen mit der Natur und dem Teilen dieses Erlebens miteinander.

Diese Sehnsucht ist kaum zu unterscheiden von der Sehnsucht nach dem eigenen originären Selbst, steht aber auch damit im Zusammenhang, daß für ein umfassenderes Beziehungsselbst auch ein Symbol gefunden werden müßte.

Wahrscheinlich wäre es sinnvoll, die Sehnsucht danach immer wieder einander mitzuteilen, vielleicht würden sich aus diesen geteilten Sehnsüchten heraus langsam Bilder kristallisieren.

Problematisch scheint mir, wenn einzelne Frauen Bilder, die für sie durchaus eine Stimmigkeit haben mögen, für sie im Moment Sinn und Mitte und emotionale Ergriffenheit bedeuten, als Bilder anbieten, die für alle Frauen gelten sollen, also eigentlich wieder eine neue Ideologie setzen.

Gerade das Wissen um Spiritualität muß immer wieder dem Erleben anderer Menschen ausgesetzt und mit ihnen diskutiert werden; würde es zu einem statischen Besitz, dann verlöre die Spiritualität ihre bewegende Kraft und würde allenfalls wieder zu einer Anhäufung von Regeln, die befolgt werden müssen.

Alle diese Aspekte einer Beziehungskultur, abgeleitet aus der Beziehung der besten Freundinnen, sind Aspekte des Wertes der

Solidarität.

Eine Beziehungskultur ist eine Kultur der Solidarität. Wenn es uns wichtig ist, eine Kultur der Solidarität aufzubauen, dann, so scheint es mir, können wir uns die Werte, die in der engen Frauenbeziehung gepflegt und gelebt werden, als Utopie vor Augen halten. Auch die Schwierigkeiten, die damit verbunden sind, sind deutlich.

Eine kleine Anmerkung zum Schluß

Es könnte sein, daß Sie nun das Buch weglegen mit der Bemerkung: Das haben die Frauen ja doch nicht geschafft, wie steht es denn bloß mit der Solidarität unter Frauen? Wozu also ein Modell übernehmen, das nicht taugt?

Ich bin anderer Ansicht: Die beschriebenen Werte stecken in der Beziehung zur besten Freundin, sie werden dort gelebt. Diese Werte sind wahrscheinlich vielen Frauen gar nicht bewußt, aber unbewußt färben und beeinflussen sie ihre Beziehungen, oder bringen sie dazu, dann, wenn zu viele dieser Werte oder die, die ihnen besonders wichtig sind, nicht verwirklicht werden, die Freundin nicht mehr als ihre beste Freundin zu bezeichnen oder sie auch zu verlassen. Selbstverständlich ist das Verwirklichen dieser Werte mit großen Schwierigkeiten verbunden, sie werden aber gelebt, sie werden da schon lange gelebt.

Daß Frauen außerhalb dieser Freundinnenbeziehung nicht so miteinander umgehen wie in diesen Freundschaftsbeziehungen, ist selbstverständlich. Die meisten Frauen aber haben eine beste Freundin, es gibt also einen Ort, wo sie diese Beziehungskultur leben und einüben. Es könnte also auch sein – und ich möchte das durchaus als Utopie verstanden wissen –, daß immer mehr Werte dieser Beziehungskultur auch in den alltäglichen Umgang mit den Nicht-

Freundinnen einfließen, besonders dann, wenn deutlich wird, wie verheerend für das Selbstverständnis von uns Frauen eine abgeleitete Identität ist.

Dazu sagt eine 52jährige Frau:

»Und dann habe ich schon die Freude, wenn Frauen Erfolg haben und beruflich auch was darstellen, und empfinde dann so ein Solidaritätsgefühl mit den Frauen, die einfach so über sich oder ihren Familienkreis hinaus beruflich was erreichen. Das geht also so weit, daß ich mich selbst bei einer Rivalin, die mir sehr ans Leder gegangen ist, für sie gefreut habe, daß sie beruflich besonders erfolgreich war... Und da war ich stolz darauf, daß ich das trennen konnte von anderen persönlichen Gefühlen. Also das ist mir sehr viel wert, dieses Solidaritätsgefühl mit tüchtigen Frauen, die unsere Wertschätzung in der Welt mittragen...«

Anmerkungen

1 Vgl. Kast, Der schöpferische Sprung, S. 19–20
2 Vgl. Huber/Rehling, Dein ist mein halbes Herz
3 Vgl. Brauckmann, Die vergessene Wirklichkeit
4 Vgl. Jung, Psychologische Typen
  Kast, Die Dynamik der Symbole, S. 13 ff.
5 Vgl. Kast, Loslassen und sich selber finden, S. 76
6 Vgl. Huber/Rehling, Dein ist mein halbes Herz, S. 16 ff.
7 Vgl. Belle, Gender Differences in the Social Moderators of Stress
8 Vgl. Belle, Lives in Stress, S. 135
9 Vgl. Belle, Lives in Stress, S. 138–143
10 Vgl. Kast, Dynamik, S. 76 ff.
11 Vgl. Kast, Paare, s. Anima, S. 160 ff.
12 Vgl. Kast, Loslassen, S. 73–77, leicht verändert
13 Vgl. Kast, Paare, S. 157–177
  Kast, Dynamik, S. 244
14 Vgl. Brauckmann, Die vergessene Wirklichkeit, S. 5 f.
15 Vgl. Kast, Loslassen, S. 68–70, teilweise leicht verändert
16 In diesem Buch werden eigene oder originäre Identität synonym verwendet. Geht es um das Erleben unseres Selbst, sprechen wir von Identität: Ich als Ich – unterschieden von einem Du –, mit meiner Körperlichkeit, meiner Vitalität, meiner Lebendigkeit, meiner Ich-Aktivität, um mich selbst zu entwickeln, meinen Grenzen, meinen Unterscheidungen zu prägenden Personen meiner Kindheit und den damit verbundenen Komplexen, meiner Geschichte, meinem Geschlecht, meinem Interesse für mich selbst, meiner Autonomie und Gebundenheit usw.
  Entwicklung zu einer immer mehr eigenen Identität heißt ich selbst werden, das eigene Selbst kennenlernen. So wie ich von einer originären Identität spreche im Unterschied zu einer abgeleiteten, kann auch von einem originären Selbst gesprochen werden im Unterschied zu einem abgeleiteten Selbst, das Grundlage des Identitätserlebens ist.
  Diese Form des Selbst wäre in einer streng Jungschen Terminologie als Ichkomplex zu bezeichnen, der sich in Auseinandersetzung mit den Elternkomplexen, den sozialen Rollenvorschriften ausdifferenzieren muß, und der auf dem Selbst im Jungschen Sinn fußt, einem umfassenderen »Selbst«, das unsere Persönlichkeit in Vergangenheit, Gegenwart und Zu-

kunft umfaßt und sowohl Antrieb für unsere Entwicklung ist als auch unsere jeweiligen Lebensmöglichkeiten potentiell enthält. Wenn ich vom originären Selbst spreche, dann meine ich einen Ichkomplex, der in Beziehung zu diesem umfassenden Selbst steht, und in einer Spannung zwischen Außenwelt (verschriebenes Selbst, Rollen etc.) und Innenwelt immer mehr Facetten an sich entdeckt, die die eigene Persönlichkeit ausmachen – und die im Gefühl der Identität erfahrbar sind.

Spreche ich vom individuellen Selbst, dann in Unterscheidung zum Beziehungsselbst oder dem gemeinsamen Selbst, das sich in engeren Beziehungen konstelliert (vgl. Kast, Paare und Kast, Beitrag im Sammelband Pflüger [Hrsg.], Das Paar – Mythos und Wirklichkeit).

In unserem Selbst sind auch Bilder von Anima und Animus enthalten, die einerseits Abkömmlinge der Elternkomplexe sind, andererseits aber gerade auch das »ganz andere« verkörpern, die und der geheimnisvolle Fremde, die uns immer näher mit unserem uns »fremden« Zentrum verbinden. Im Beziehungsselbst sind u. a. Anima und Animus als Paar erlebbar (vgl. Kast, Dynamik).

17 Vgl. Belle, Gender Differences, S. 261 f
18 Vgl. Godenzi, Bieder, brutal
19 Vgl. Chodorow, Das Erbe der Mütter, S. 127 ff.
20 Vgl. Grissau, Wir waren von Kindheit an Rebellen, S. 184 ff.
21 Vgl. Blos, Sohn und Vater
22 Vgl. Benard / Schlaffer, Laßt endlich die Männer in Ruhe, S. 19–20
23 Vgl. Belle, Gender Differences, S. 262 und 264
24 Vgl. Veroff, Douvan und Kulka, zitiert in Belle, Gender Differences
25 Vgl. Belle, Gender Differences, S. 270
26 Vgl. Mischke, Intime Frauengespräche
27 Vgl. Kast, Das Paar: Mythos und Wirklichkeit, S. 34
28 Vgl. Belle, Lives in Stress
29 Vgl. Bank / Kahn, Geschwisterbindung, S. 98
30 Vgl. Baumgart, Liebe, Treue und Eifersucht, S. 120 ff.
31 Vgl. Kast, Dynamik der Symbole, S. 51 ff.
32 Vgl. Abraham, Psychoanalytische Studien, S. 257 f.
    Klein, Seelische Konflikte, S. 38 f.
33 Vgl. Kierkegaard, zitiert in Schoeck, Der Neid und die Gesellschaft, S. 179
34 Vgl. Kast, Freude, Inspiration, Hoffnung, S. 187
35 Vgl. Willi, Die Zweierbeziehung, S. 123 ff.
36 Vgl. Kast, Das Paar: Mythos und Wirklichkeit

37 Vgl. Brauckmann, Die vergessene Wirklichkeit, S. 141–145
38 Vgl. Freud, Über einige neurotische Mechanismen
39 Vgl. Erikson, Identität und Lebenszyklus, S. 62 ff.
40 Vgl. Brauckmann, Die vergessene Wirklichkeit, S. 110
41 Vgl. Huber / Rehling, Dein ist mein halbes Herz, S. 144 ff.
42 Vgl. Kast, Paare, S. 158 ff.
43 Vgl. Riedel, Die weise Frau
44 Vgl. Raymond, Frauenfreundschaft, S. 57; vgl. auch ebd. S. 271 ff.
45 Vgl. Vgl. auch Raymond, Frauenfreundschaft, S. 288 ff.
46 Vgl. Kast, Trauern
47 Vgl. Marcel, Philosohie der Hoffnung
48 Vgl. Belle, Gender Differences, S. 260 ff.
49 Vgl. Kast, Freude, Inspiration, Hoffnung

Literaturverzeichnis

Abraham, Karl: Psychoanalytische Studien II, Frankfurt a/M.
1971

Bank, Stephen P. und Kahn, Michael D.: Geschwister-Bindung,
Paderborn 1989

Baumgart, Hildegard: Liebe, Treue, Eifersucht, Hamburg 1985

Belle, Deborah: Gender Differences in the Social Moderators of
Stress. In: Barnett et al.: Gender and Stress, New York and
London [8]1987

Belle, Deborah (Ed.): Lives in Stress. Woman and Depression,
Beverly Hills 1982

Benard, Cheryl und Schlaffer, Edit: Laßt endlich die Männer in
Ruhe, Hamburg 1990

Blos, Peter: Sohn und Vater. Diesseits und jenseits des Ödipus-
komplexes. Aus d. Amerikan. übers. von Hilde Weller, Stuttgart 1990

Brauckmann, Jutta: Die vergessene Wirklichkeit. Männer und
Frauen im weiblichen Leben, Münster 1984

Chodorow, Nancy: Das Erbe der Mütter, München 1985

Erikson, Erik H.: Identität und Lebenszyklus, Frankfurt a/M.
1971

Freud, Sigmund: Über einige neurotische Meschanismen bei
Eifersucht, Paranoia und Homosexualität (1922). In: Zwang,
Paranoia und Perversion. Studienausgabe, Bd. 7, Frankfurt
a/M. 1973

Godenzi, Alberto: Bieder, brutal. Frauen und Männer sprechen
über sexuelle Gewalt, Zürich 1989

Grissau, Barbara: Wir waren von Kindheit an Rebellen. In: Ca-
menzind, Elisabeth und von den Steinen, Ulfa (Hrsg.): Frauen
definieren sich selbst, Stuttgart 1991

Harding, Esther, Der Weg der Frau, Zürich 1938

Huber, Michaela und Rehling, Inge: Dein ist mein halbes
Herz. Was Freundinnen einander bedeuten, Frankfurt 1989

Jung, Carl Gustav: Psychologische Typen. Definitionen, In: GW
6, § 825

Kast, Verena: Das Paar: Mythos und Wirklichkeit. In: Pflüger,
Peter M. (Hrsg.): Das Paar – Mythos und Wirklichkeit. Neue
Werte in Liebe und Solidarität, Olten 1988

Kast, Verena: Der schöpferische Sprung. Vom therapeutischen
Umgang mit Krisen, Olten 1987

Kast, Verena: Die Dynamik des Symbole. Grundlagen der Jungschen Psychotherapie, Olten 1990

Kast, Verena: Freude, Inspiration, Hoffnung, Olten 1991

Kast, Verena: Loslassen und sich selber finden. Die Ablösung von den Kindern, Freiburg, Basel, Wien 1991

Kast, Verena: Paare. Beziehungsphantasien oder: Wie Götter sich in Menschen spiegeln, Stuttgart 1984

Kast, Verena: Trauern. Phasen und Chancen des psychischen Prozesses, Stuttgart 1982

Klein, Melanie und Rivière, John: Seelische Konflikte, Frankfurt a/M. 1983

Marcel, Gabriel: Philosophie der Hoffnung, München 1964

Mischke, Roland: Intime Frauengespräche: Leidtragende sind eifersüchtige Männer, Weltwoche Nr. 15, 11.4.91

Oerter, Rolf und Montada, Leo: Entwicklungspsychologie. Ein Lehrbuch, 2. Aufl., München, Weinheim 1987

Raymond, Janice G.: Frauenfreundschaft. Philosophie der Zuneigung, München 1987

Riedel, Ingrid: Die weise Frau in uralt-neuen Erfahrungen. Der Archetyp der alten Weisen im Märchen und seinem religionsgeschichtlichen Hintergrund, Olten 1989

Schoeck, Helmut: Der Neid und die Gesellschaft, Freiburg 1977

Willi, Jürg: Die Zweierbeziehung, Hamburg 1975

Stichwortregister

Die Funktion des Ärgers

Verena Kast
Vom Sinn des
Ärgers
196 Seiten, Hardcover
DM 36,-
Nr. 1659

Ärger entsteht, wenn Selbsterhaltung, Selbstgestaltung und Selbstverwirklichung von anderen behindert oder gestört werden. Die Emotion Ärger sollte daher produktiv genutzt werden, um Verletzungen zu beenden, Grenzen neu zu setzen. Er kann sogar beleben und die nötige Energie für einen unvermeidlichen Streit geben. Verena Kast empfiehlt: Vor der Auseinandersetzung auch an die Versöhnung denken, Sekt und Pralinen bereitstellen.

KREUZ: Was Menschen bewegt.

Verena Kast im dtv

Verena Kast verbindet auf einfühlsame und auch für Laien verständliche Weise die Psychoanalyse C. G. Jungs mit konkreten Anregungen für ein ganzheitliches, erfülltes Leben

Der schöpferische Sprung
Vom therapeutischen
Umgang mit Krisen
dtv 35009

Imagination als Raum der Freiheit
Dialog zwischen Ich und
Unbewußtem
dtv 35088

Die beste Freundin
Was Frauen aneinander haben
dtv 35091

Die Dynamik der Symbole
Grundlagen der Jungschen
Psychotherapie
dtv 35106

Freude, Inspiration, Hoffnung
dtv 35116

Neid und Eifersucht
Die Herausforderung
durch unangenehme Gefühle
dtv 35152

Märcheninterpretationen

Mann und Frau im Märchen
Eine psychologische
Deutung
dtv 35001

Wege zur Autonomie
dtv 35014

Wege aus Angst und Symbiose
Märchen psychologisch gedeutet
dtv 35020

Märchen als Therapie
dtv 35021

Familienkonflikt im Märchen
Eine psychologische Deutung
dtv 8422

dtv